Come Disegnare

Abbracciare la matita - Un percorso verso l'espressione creativa e sicura di sé.

Consigli e trucchi per diventare un esperto in 30 giorni

PAPERARTWORD

Copyright © 2024 di Paperartword

Tutti i diritti riservati. Nessuna parte di questa pubblicazione può essere riprodotta, distribuita o trasmessa in qualsiasi forma o con qualsiasi mezzo, comprese fotocopie, registrazioni o altri metodi elettronici o meccanici, senza il previo consenso scritto dell'autore, tranne nel caso di brevi citazioni contenute in recensioni critiche e di alcuni altri usi non commerciali consentiti dalla legge sul copyright.

Prima edizione: [2024]

Disclaimer: Le informazioni e i consigli forniti in questo libro sono solo a scopo informativo generale. L'autore e l'editore non sono responsabili di eventuali azioni intraprese sulla base delle informazioni presentate in questo libro. Si consiglia ai lettori di rivolgersi a un professionista per ottenere consigli e indicazioni in base alle proprie esigenze e circostanze specifiche.

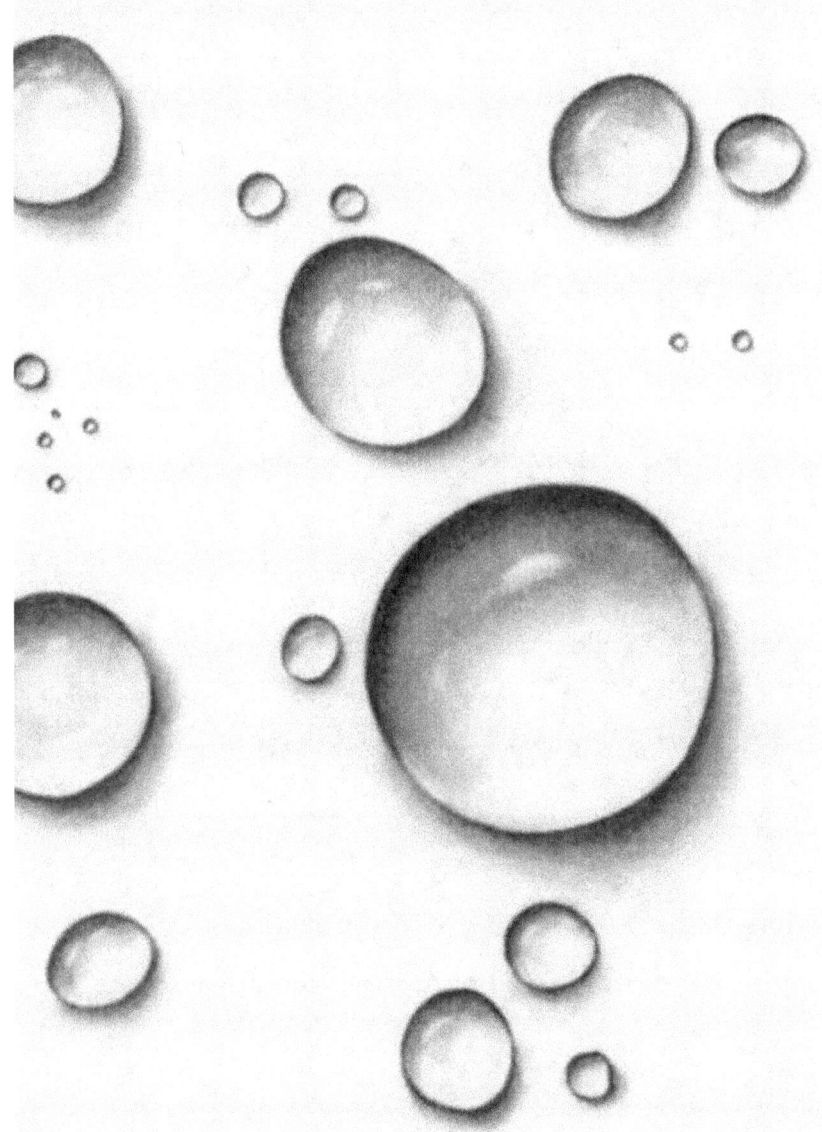

Sommario

Introduzione: Disegnare, Tutti Possono Imparare 1

Parte I: Costruire una Base Solida 3

Capitolo 1: Le Vere Basi – Partire da Zero 4

Capitolo 2: Il Linguaggio dell'Arte – Termini e Tecniche Spiegati Semplicemente 6

Capitolo 3: Primi Tratti – I Tuoi Primi Esercizi di Disegno 9

Parte II: Sviluppare le Tue Abilità Gradualmente 13

Capitolo 4: Sviluppare il Tuo Occhio – Vedere Come un Artista 15

Capitolo 5: Passo Dopo Passo – Guide Dettagliate per Disegni Semplici 17

Capitolo 6: Aggiungere Complessità – Introducendo Nuovi Elementi a un Ritmo Confortevole 20

Parte III: Tecniche Approfondite - Svelare la Cassetta degli Attrezzi dell'Artista 28

Capitolo 7: Oltre le Basi – Esplorando Tecniche Avanzate 30

Capitolo 8: Variazioni di Stile – Trovare il Tuo Tocco Personale 34

Capitolo 9: Risoluzione dei Problemi Comuni – Superare Ostacoli Artistici 40

Parte IV: Maestria e Concetti Avanzati 43

Capitolo 10: Tecniche Professionali – Elevare la Tua Arte 47

Capitolo 11: Arte Digitale – Introduzione agli Strumenti Tecnologici 51

Capitolo 12: Creare un Portfolio – Prepararsi per Opportunità Professionali 56

Appendice 61

Conclusione 63

Bonus 1: Sfida di Disegno di 30 Giorni 66

Bonus 2: Il Diario Artistico Personale 74

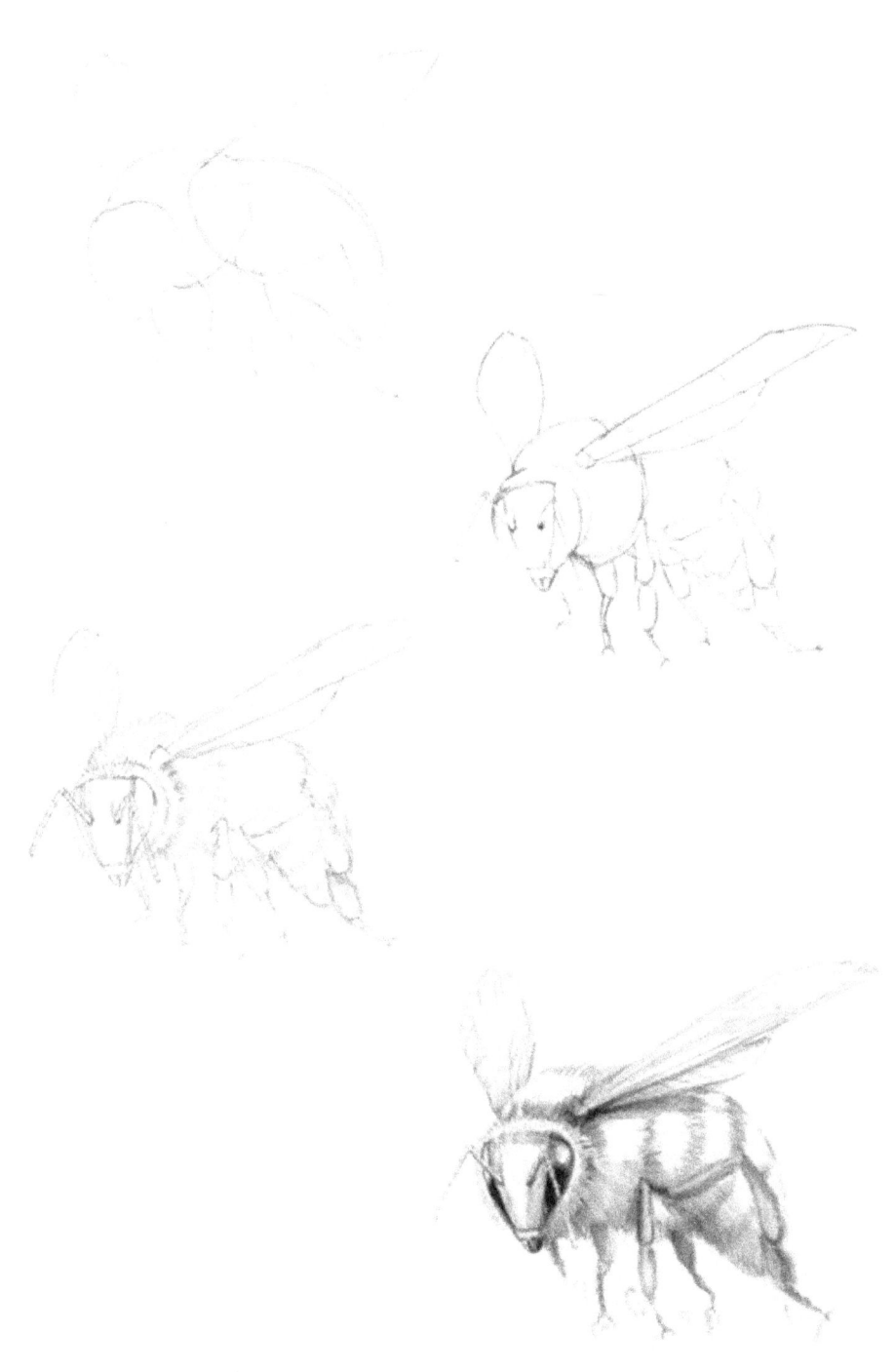

Introduzione: Disegnare, Tutti Possono Imparare

Benvenuto, caro lettore, in un viaggio dove l'unico passaporto necessario è il tuo entusiasmo e una semplice matita. Che tu abbia da tempo aspirazioni artistiche o che abbia preso in mano una matita per un capriccio improvviso, questo libro è pensato per te. Il suo scopo? Affermare che chiunque - tu incluso - può imparare a disegnare.

Ti chiederai: "Perché disegnare?" Beh, è semplice e complesso allo stesso tempo. Disegnare non è solo replicare ciò che vedi; è un processo profondamente introspettivo che ti connette con il mondo a un livello elementare. Ti permette di esprimere le tue emozioni, raccontare storie e persino esplorare i tuoi pensieri più profondi. Disegnare è meno riguardo al capolavoro finale e più sul viaggio della creazione.

Questa guida è pensata per essere il tuo compagno di viaggio in questa odissea artistica. Partiremo dalle basi, senza fare ipotesi su ciò che potresti o non potresti sapere. Il linguaggio sarà semplice e senza gergo - dopotutto, l'arte è universale, e lo dovrebbe essere anche il suo linguaggio.

Cosa Aspettarsi? La Parte I costruisce una solida base insegnandoti le basi. Pensala come imparare a gattonare prima di camminare. Una volta che ti sentirai a tuo agio con questi fondamenti, ti sarà più facile affrontare argomenti e tecniche più complessi.

La Parte II è dove inizierai a vedere la vera magia accadere. Scaveremo più a fondo nelle tecniche che miglioreranno gradualmente ma profondamente le tue abilità.

La Parte III esplora aspetti più intricati del disegno. Che si tratti di comprendere il gioco di luci e ombre o di padroneggiare l'arte della prospettiva, questa sezione aggiungerà profondità al tuo arsenale artistico.

La Parte IV è rivolta a coloro che desiderano portare la loro arte a un livello professionale. Ciò non significa che tu debba vendere il tuo lavoro. "Professionale" qui è più uno stato mentale, dove sei impegnato a padroneggiare le complessità dell'arte.

E non dimentichiamo, abbiamo Appendici con esercizi passo dopo passo, un glossario senza gergo e una directory di risorse per l'apprendimento continuo.

Perché Questo Libro? Ci sono innumerevoli libri sul disegno là fuori, quindi perché scegliere questo? Comprendiamo le frustrazioni e le esitazioni che i principianti affrontano. Questo libro non insegna solo a disegnare; funge da mentore paziente. Riconosciamo gli ostacoli sul cammino e celebriamo le vittorie, per quanto piccole. Alla fine del tuo viaggio con questa guida, non solo le tue abilità tecniche saranno migliorate, ma avrai anche una nuova apprezzamento per l'arte e la scienza del disegno.

Quindi, caro lettore, mentre giri la pagina, ricorda che ogni tratto di matita è un passo avanti. Nessuno diventa maestro in una notte, ma tutti devono iniziare da qualche parte. E non c'è posto migliore per iniziare che proprio qui, proprio ora.

Preparati ad abbracciare la matita, liberare la tua creatività e lasciare il tuo segno sulla tela del mondo.

Parte I: Costruire una Base Solida

Introduzione

Ah, la base—dove iniziano tutte le grandi cose. Immagina di costruire una casa. Inizieresti dal tetto? Certamente no! Prima metteresti giù una solida fondazione. Lo stesso principio si applica all'apprendimento del disegno. Che tu sia un principiante completo o qualcuno che ha già sperimentato con il disegno, stabilire una base solida è essenziale per la crescita futura.

In questa prima parte del libro, torneremo alle basi. E con basi, intendiamo proprio le basi: le linee, le forme e persino il modo in cui tieni la matita. Questi sono gli ABC del disegno, i mattoni che tutti i grandi artisti hanno usato per creare capolavori. Eppure, questi elementi sono spesso trascurati o affrettati nella fretta di disegnare qualcosa di 'figo' o 'complicato'.

Ma non preoccuparti! Lo renderemo coinvolgente. Pensa a imparare a cucinare—devi capire gli ingredienti semplici prima di poter padroneggiare un piatto complesso. Inizierai imparando riguardo linee e forme, per poi progredire a forma e proporzione. L'obiettivo è demistificare l'arte del disegno e mostrarti quanto possa essere gestibile e, sì, quanto possa essere divertente costruire dalle basi.

Quindi, arrotola le maniche e affila quelle matite. La tua base ti aspetta, ed è il primo passo in questo bellissimo viaggio verso l'espressione artistica personale.

Capitolo 1: Le Vere Basi – Partire da Zero

La Tavola Bianca

Benvenuto al Capitolo 1! Come suggerisce il titolo, partiamo da zero assoluto—una tavola bianca. Non preoccuparti se pensi di non saper nemmeno disegnare un omino; è proprio per questo che sei qui. Mettiamo da parte tutti i dubbi su noi stessi e le nozioni preconcette sull'arte e sul talento. Lo scopo di questo capitolo è farti sentire a tuo agio con l'idea che puoi disegnare.

L'Importanza dei Tuoi Strumenti

Ora, non hai bisogno di un set sofisticato di strumenti per disegnare per iniziare; una semplice matita e un foglio di carta sono sufficienti. La matita è la tua bacchetta magica, e il foglio, il tuo regno incantato. Man mano che progredisci, potresti voler esplorare diversi tipi di matite, carta e altri mezzi, ma per ora, manteniamolo semplice.

Impugnature della Matita

Il tuo rapporto con la matita è come una partnership; deve essere reciprocamente vantaggioso. Ci sono diversi modi di tenere una matita mentre si disegna:

- **Impugnatura da Scrittura**: Proprio come quando scrivi.
- **Impugnatura a Mano Libera**: Tenere la matita tra il pollice e i primi due dita, permettendo tratti più ampi.

Sperimenta e trova ciò che ti sembra più comodo. Ricorda, non esiste una soluzione unica per tutti nell'arte.

Le Linee: La Colonna Vertebrale di Tutti i Disegni

Tutto inizia con una linea—letteralmente. È incredibile pensare che ogni opera d'arte intricata inizi con un elemento così semplice. Le linee vengono in tutte le forme e dimensioni: dritte, curve, spesse, sottili, e così via.

Tipi di Linee

- **Linee Dritte**: Queste sono i tuoi soldati, in piedi fieri e inamovibili. Sono la colonna vertebrale delle forme geometriche e delle strutture.
- **Linee Curve**: Queste sono le ballerine, graziose e fluide. Portano morbidezza e movimento al tuo lavoro.
- **Linee Spezzate**: Pensa a queste come al tuo codice Morse, segnalando confini e percorsi, ma permettendo anche vuoti e immaginazione.

Esercizio 1: Pratica con le Linee Prendi un foglio di carta e disegna linee. Inizia con quelle dritte, poi passa alle curve. Non preoccuparti della perfezione; si tratta di pratica e di acquisire confidenza.

Le Forme: Il DNA della Complessità

Dopo le linee, il passo logico successivo sono le forme. Cerchi, quadrati, triangoli—li conosci fin dall'asilo, ma ora li vedrai in una nuova luce.

Tipi di Forme
- **Geometriche**: Queste sono le tue forme standard come quadrati e cerchi.
- **Organiche**: Queste sono le forme libere, irregolari che spesso rappresentano elementi naturali.

Esercizio 2: Caccia alle Forme Guardati intorno. Identifica oggetti e cerca di scomporli in forme di base. Schizza queste forme sul tuo foglio.

Combinare Linee e Forme

Qui inizia la magia. Imparando a combinare linee e forme efficacemente, sei sulla buona strada per creare qualsiasi cosa tu possa immaginare.

Esercizio 3: Combinare Elementi Prova a disegnare un oggetto semplice usando una combinazione di linee e forme. Magari un albero o una casa. Non pensarci troppo; si tratta di pratica, non di perfezione.

Spazio, Forma e Proporzione

Parliamo un po' di questi tre moschettieri. Comprendere questi elementi può migliorare significativamente la qualità dei tuoi disegni:
- **Spazio**: Si riferisce al vuoto o all'area tra, intorno, sopra, sotto o all'interno degli oggetti.
- **Forma**: Pensa alla forma come a una forma in 3D. Ha profondità, altezza e larghezza.
- **Proporzione**: Riguarda le relazioni di dimensione tra oggetti.

La Gioia degli Errori

Ecco la cosa: farai errori, ed è perfettamente normale. Ogni errore è una lezione sotto mentite spoglie. Infatti, alcuni errori potrebbero portarti a scoprire nuove tecniche o stili che non avresti mai pensato possibile.

Riassunto

Congratulazioni! Hai appena compiuto i primi passi in un viaggio di creatività ed espressione personale che durerà tutta la vita. Hai iniziato con gli elementi più fondamentali—linee e forme—e hai imparato a costruire da lì.

Capitolo 2: Il Linguaggio dell'Arte – Termini e Tecniche Spiegati Semplicemente

Benvenuto nella Classe di Vocabolario che Non Sapevi di Avere Bisogno

Immagina di entrare in una pasticceria per la prima volta e di essere sopraffatto da parole come "ganache", "fondant" o "sourdough". Potresti sapere che hanno a che fare con la cottura, ma cosa esattamente? Allo stesso modo, il mondo dell'arte ha il suo vocabolario. Non temere! Siamo qui per tradurre queste parole apparentemente complicate in un linguaggio semplice.

Il Glossario dei Termini di Base

Iniziamo con alcuni termini chiave che renderanno più agevole il tuo viaggio nel mondo dell'arte:

- **Medium**: Si riferisce al materiale utilizzato per creare l'arte. Nel nostro caso, sarà principalmente matite e carta.
- **Texture**: La qualità superficiale percepita in un'opera d'arte. Potrebbe essere ruvida, liscia o qualcosa di intermedio.
- **Composizione**: È il modo in cui gli elementi sono disposti nella tua opera d'arte, siano essi linee, forme o anche spazi vuoti.
- **Prospettiva**: Il modo in cui gli oggetti appaiono all'occhio in base alle loro dimensioni e posizione rispetto all'osservatore.

Qualità della Linea: Più di Una Semplice Linea

Hai imparato sulle linee, ma sapevi che le linee possono avere qualità? La 'qualità' di una linea si riferisce alla sua unicità: come può essere sottile o spessa, liscia o irregolare. Cambiare la qualità della tua linea può alterare drasticamente l'umore del tuo lavoro.

Esercizio 1: Test sulla Qualità della Linea Disegna una serie di linee. Sperimenta cambiando la pressione sulla matita per creare variazioni di spessore. Rendi alcune linee lisce e altre irregolari. Osserva i diversi sentimenti che evocano.

Fondamenti della Composizione: Regola dei Terzi

La Regola dei Terzi è una tecnica semplice per migliorare la composizione del tuo lavoro. Immagina la tua area di disegno divisa in nove parti uguali da due linee orizzontali e due verticali ugualmente distanziate. Posizionare gli elementi lungo queste linee o ai loro incroci rende la composizione più equilibrata e visivamente accattivante.

Esercizio 2: Pratica della Regola dei Terzi Schizza un semplice paesaggio o un gruppo di oggetti, impiegando la Regola dei Terzi. Nota come rende il tuo lavoro più coinvolgente?

Prospettiva: 1-Punto, 2-Punti, 3-Punti

La prospettiva aiuta a creare un senso di profondità, facendo sembrare le immagini 2D in 3D. Parliamo dei tre tipi più comuni:

- **Prospettiva ad 1-Punto**: Un punto di fuga sull'orizzonte. Ideale per disegnare strade o corridoi.
- **Prospettiva a 2-Punti**: Due punti di fuga. Utile per disegnare edifici o oggetti in angolazione.
- **Prospettiva a 3-Punti**: Tre punti di fuga. Impiegata per scene drammatiche o quando si osservano oggetti da un'altezza o profondità significativa.

Esercizio 3: Giocare con la Prospettiva Disegna una semplice stanza usando la prospettiva ad 1-punto. Poi, prova a schizzare una casa o un cubo in prospettiva a 2-punti. Se sei pronto per una sfida, prova la prospettiva a 3-punti!

Ombreggiatura e Tono: Il Condimento dell'Arte

L'ombreggiatura è la tecnica di variare la chiarezza e l'oscurità nel tuo disegno, fornendo un senso di volume e profondità. 'Tono' si riferisce alla gradazione di chiaro e scuro.

Tipi di Ombreggiatura
- **Hatching**: Linee parallele.
- **Cross-Hatching**: Linee che si incrociano.
- **Stippling**: Punti per creare tono.
- **Smudging**: Gradiente liscio.

Esercizio 4: Campionario di Ombreggiatura Crea un cerchio e applica diverse tecniche di ombreggiatura ad esso. Osserva come ogni tecnica conferisce una qualità unica al cerchio.

Svelare il Mistero del Colore (Anche Se Ci Concentriamo Sulle Matite)

Anche se il nostro mezzo primario sono le matite, comprendere le basi della teoria del colore può esserti utile. Non andremo in profondità, ma i colori primari (rosso, giallo, blu), i colori secondari (creati mescolando i colori primari) e i colori terziari (mescolando colori primari e secondari) possono essere utili da conoscere.

Esercizio 5: Scala dei Valori

Crea una scala di valori dal scuro al chiaro usando la tua matita. Ora prova a creare una composizione usando un alto contrasto e un'altra con basso contrasto. Quali differenze noti nell'umore che evocano?

Elementi e Principi del Design

Nell'arte, gli elementi (linea, forma, valore, spazio, texture e colore) sono i mattoni, e i principi (equilibrio, contrasto, enfasi, movimento, pattern, ritmo e unità) sono le regole applicate a questi blocchi.

Esercizio 6: Identificazione degli Elementi e Principi

Guarda un famoso pezzo d'arte. Cerca di identificare quanti più elementi e principi possibili. Inizierai a vedere l'arte attraverso una nuova lente!

Anatomia di una Matita: Non È Solo Legno e Grafite

Capire il tuo strumento può fare una grande differenza. Una matita ha varie parti: la custodia in legno, il nucleo di grafite e persino la gomma attaccata ad essa. Ogni tipo di matita (dalle matite H dure alle B morbide) ha il suo scopo.

Esercizio 7: Test della Matita

Usa diversi tipi di matite per disegnare lo stesso oggetto. Nota le differenze nella qualità della linea, nella texture e nelle capacità di ombreggiatura.

Comprensione della Carta: La Tela dell'Artista della Matita

Sì, anche la carta che usi può influenzare la tua opera d'arte. La texture della carta può influenzare il modo in cui la matita si muove su di essa, influenzando la qualità della linea e l'ombreggiatura.

Esercizio 8: Esplorazione della Carta

Prova a disegnare lo stesso oggetto su diversi tipi di carta: liscia, texturizzata, spessa e sottile.

Osserva come la qualità della carta influisce sul tuo disegno.

La Sezione Aurea: Un Approccio Matematico alla Bellezza

Alcuni credono che la Sezione Aurea, approssimativamente 1,618, possa fornire l'equilibrio compositivo definitivo. Questo rapporto è stato trovato nella natura, nell'architettura e persino nell'arte.

Esercizio 9: La Spirale Aurea

Disegna la Spirale Aurea usando la Sezione Aurea. Prova ad incorporare questa spirale in una composizione per creare un'arte esteticamente piacevole.

La Ruota dei Colori per il Bianco e Nero: Un Concetto Particolare

Sebbene ci concentriamo principalmente sul disegno a matita, comprendere la ruota dei colori può essere vantaggioso. Pensa alla tua ombreggiatura in scala di grigi come a una ruota dei colori, dove il nero e il bianco sono i tuoi colori primari, e i vari grigi sono i colori secondari e terziari.

Esercizio 10: Ruota dei Grigi

Crea una ruota usando diverse sfumature di grigio per rappresentare i 'colori'. Questo ti aiuterà a comprendere meglio i valori.

Riassunto: L'Edizione Espansa

Congratulazioni! Hai superato una guida completa sul linguaggio dell'arte. Non solo hai ampliato il tuo vocabolario, ma hai anche acquisito un intero nuovo set di strumenti per migliorare i tuoi disegni.

Capitolo 3: Primi Tratti – I Tuoi Primi Esercizi di Disegno

L'Importanza di Iniziare

Prima di immergerci negli esercizi, prendiamoci un momento per riconoscere il coraggio che ci vuole per iniziare. Prendere una matita e fare quella prima traccia è un grande passo, un riconoscimento che sei disposto ad imparare, fare errori e crescere. Quindi, datti una pacca sulla spalla; sei già vittorioso!

Riscaldamento: Non È Solo per Gli Atleti

Sapevi che anche gli artisti professionisti si riscaldano? Proprio come lo stretching prima di una corsa, riscaldare la mano e la mente può migliorare significativamente la tua sessione di disegno.

Esercizio 1: Cerchi, Linee e Spirali Disegna cerchi, sia grandi che piccoli. Prova linee orizzontali, verticali e diagonali. Non dimenticare le spirali; sono divertenti e ottime per la flessibilità del polso.

Forme di Base: La Fondazione di Tutti i Disegni

Tutto ciò che vedi intorno a te può essere scomposto in forme semplici come cerchi, quadrati e triangoli. Riconoscere ciò renderà i disegni complessi meno intimidatori.

Esercizio 2: Caccia alle Forme Guarda intorno al tuo ambiente e identifica oggetti che corrispondono a forme di base. Schizzali rapidamente senza preoccuparti dei dettagli.

Conoscere la Tua Matita: Tratti Leggeri vs. Forti

Ogni matita può produrre una gamma di toni, da leggeri a scuri, a seconda di come la usi. Diventare a proprio agio con questa gamma è fondamentale.

Esercizio 3: La Scala dei Toni Disegna una scala con dieci gradini. Riempia ogni gradino con un tono diverso, partendo da leggero e passando a scuro.

Disegnare dall'Osservazione: Natura Morta

Disegnare dalla vita reale può offrire un'esperienza più ricca rispetto al disegnare da una fotografia. La tridimensionalità degli oggetti reali fornisce una profondità e una sfumatura che spesso mancano nelle foto.

Esercizio 4: Natura Morta Semplice Disponi alcuni oggetti domestici come una tazza, un frutto o un libro. Schizzali come li vedi, cercando di catturare la luce e l'ombra.

Il Divertimento nel Disegno di Gesto

Il disegno di gesto aiuta a catturare l'azione, l'emozione e l'essenza del soggetto, solitamente fatto in modo rapido e libero.

Esercizio 5: Disegno di Gesto a Volontà Imposta un timer per due minuti. Scegli un soggetto, che sia un animale domestico, un familiare o una figura da Internet, e cerca di catturarne il gesto. Ripeti questo con soggetti diversi.

Rompere il Ghiaccio con il Disegno di Contorno

Il disegno di contorno è l'arte di disegnare oggetti come li vedi, in una linea continua senza sollevare la matita.

Esercizio 6: Esercizio di Disegno di Contorno Scegli un oggetto e disegnalo senza sollevare la matita dalla carta. Cerca di non guardare la carta mentre disegni; questo è anche noto come "disegno di contorno cieco".

Il Tuo Primo Capolavoro: Combinare le Tecniche

Hai già imparato così tanto! Che ne dici di combinare ciò che hai appreso in un pezzo più elaborato?

Esercizio 7: La Tua Scelta, Il Tuo Capolavoro Scegli un soggetto che ti piacerebbe disegnare. Applica le tecniche che hai imparato finora. Prenditi il tuo tempo, e non avere fretta. Ricorda, questo è un processo di apprendimento.

Esercizio 8: Dedicazione del Taccuino

Se non l'hai già fatto, procurati un taccuino. Dedica la prima pagina scrivendo un obiettivo artistico personale. Questo aiuta a dare una direzione alla tua pratica.

Il Ruolo della Simmetria: Creare Immagini Bilanciate

Comprendere la simmetria può essere utile, anche nelle prime fasi. Un'immagine bilanciata è naturalmente piacevole per l'occhio.

Esercizio 9: Disegnare Simmetricamente

Dividi una pagina in due. Disegna la metà di un oggetto o una forma su un lato e poi cerca di replicarla il più fedelmente possibile sull'altro lato.

Spazio Negativo: L'Arte di Vedere Ciò che Non C'è

Nell'arte, ciò che non disegni può essere importante quanto ciò che fai. Lo spazio negativo aiuta a definire la forma dello spazio positivo.

Esercizio 10: Disegno dello Spazio Negativo

Scegli un oggetto semplice e disegna solo lo spazio intorno ad esso, non l'oggetto stesso. Questo è un modo meraviglioso per migliorare le tue capacità di osservazione.

Risonanza Emotiva: Come l'Arte Parla

Anche i disegni più semplici possono trasmettere emozioni. Essendo consapevole di ciò, puoi aggiungere un nuovo strato di profondità alla tua arte.

Esercizio 11: Miniature Emotive

Crea piccole miniature che esprimano ciascuna un'emozione diversa attraverso linee e forme. Ad esempio, linee irregolari potrebbero esprimere rabbia, mentre curve morbide potrebbero rappresentare la calma.

Incrociare e Ombreggiare: Aggiungere Profondità e Dimensione

Queste tecniche possono trasformare forme piatte in oggetti tridimensionali.

Esercizio 12: Pratica di Ombreggiatura

Prendi una forma semplice, come una sfera o un cubo, e pratica l'ombreggiatura. Prova l'incrocio per un aspetto testurizzato.

Riassunto: Un Inizio Ben Arrotondato

Hai fatto un salto significativo nel tuo viaggio artistico completando questi esercizi e comprendendo questi concetti fondamentali. Non esitare a ripetere questi esercizi; la padronanza arriva con la ripetizione.

Riflessione Personale e Prossimi Passi

Prenditi un momento per riflettere su ciò che hai imparato e su come ti senti riguardo ai tuoi primi tentativi di disegno. Indipendentemente dal risultato, ricorda, ogni artista è stato una volta un principiante. Tieni il tuo taccuino vicino; sarà il tuo migliore amico in questo entusiasmante viaggio.

COME DISEGNARE

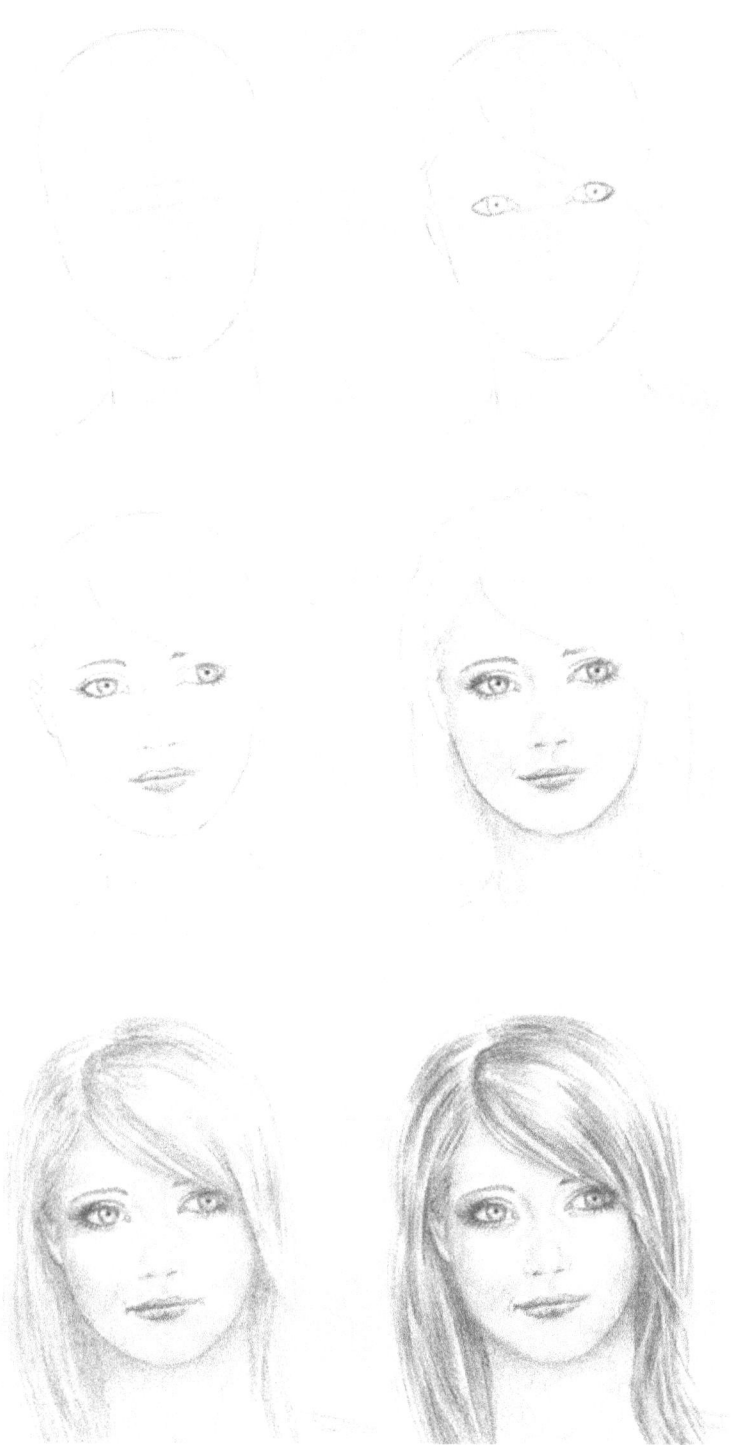

COME DISEGNARE

Parte II: Sviluppare le Tue Abilità Gradualmente

Introduzione

Ah, il brivido del primo tratto! Ormai hai immerso le dita nell'oceano illimitato delle possibilità artistiche e hai imparato i tratti e le forme di base. Hai affrontato quella pagina intimidatoria e hai avuto il coraggio di lasciare il tuo segno. Non è eccitante? È come pronunciare le tue prime parole o andare in bicicletta per la prima volta.

Ma dopo l'eccitazione iniziale, potresti chiederti: "E ora?" Hai acquisito le basi, ma come passi dal creare forme semplici a opere d'arte più complesse ed emotivamente significative? Come passi dal copiare ciò che vedi all'interpretarlo?

Non preoccuparti; è proprio ciò che la Parte II di questo libro mira a guidarti. Stiamo passando dal fondamentale allo sviluppo. Costruiremo su quella solida base che hai creato nella Parte I, aggiungendo strati di complessità, tecnica e stile, il tutto a un ritmo che ti mantiene entusiasta ma non sopraffatto.

Fermiamoci un momento e riconosciamo quanto sei già arrivato lontano. Ricorda, Roma non è stata costruita in un giorno. Allo stesso modo, la tua abilità non ti trasformerà miracolosamente in Da Vinci o Picasso in una notte, ed è perfettamente normale! La chiave è il progresso incrementale. Ogni giorno che pratichi, ogni linea che disegni, si somma. Pensa a ogni esercizio di disegno come a un mattone. Man mano che poserai più mattoni, costruirai gradualmente un grattacielo di abilità ed espressione personale.

Un aspetto significativo che esploreremo è l'elemento dello stile. La bellezza dell'arte è nella sua diversità, e ogni artista porta il proprio stile unico al tavolo. Il tuo stile è la tua voce nel mondo dell'arte. Che tu sia un fan del fotorealismo dettagliato o dei scarabocchi astratti, approfondiremo come trovare quella voce e come farla sentire forte e chiara.

Affronteremo anche una varietà di temi e soggetti. Dopotutto, il mondo intorno a te è pieno di ispirazione, dai vasti paesaggi della natura alle linee intricate della giungla urbana. Variando ciò che disegni, non solo arricchisci il tuo set di abilità ma scopri anche ciò che ti affascina veramente.

Durante questa parte del libro, ricorda l'importanza di praticare la consapevolezza. Sii consapevole di come si muove la tua mano, di come si sente la matita, di come scorrono le linee e di come tutto ciò ti fa sentire. Il viaggio per diventare un artista esperto è anche un viaggio interiore. Imparerai molto su te stesso: le tue preferenze, i tuoi punti di forza, le tue aree di miglioramento e persino le tue paure e desideri più profondi. Abbraccia questa introspezione; non solo ti renderà un artista migliore ma anche arricchirà te come persona.

E così, caro lettore, mentre ci troviamo sulla soglia di questo entusiasmante nuovo capitolo nel tuo viaggio artistico, ti invito a fare un respiro profondo, preparare le tue matite e aprire il cuore e la mente alle meravigliose possibilità che ci attendono. Il percorso da qui sarà pieno di sfide, ma ricorda, ogni grande artista è iniziato con un singolo tratto, una singola forma, una singola visione. E come loro, anche tu continuerai a crescere, una linea, una forma, un capolavoro alla volta.

Capitolo 4: Sviluppare il Tuo Occhio – Vedere Come un Artista

Introduzione

Benvenuto al Capitolo 4, il santuario della tua visione artistica! Se ti sei mai chiesto perché due artisti possano guardare lo stesso soggetto e produrre opere d'arte completamente diverse, la risposta è semplice: è tutto negli occhi. Gli occhi di un artista non si limitano a "vedere"; interpretano, interrogano e si meravigliano.

Osservazione: L'Abilità Fondamentale

Iniziamo capendo l'arte dell'osservazione.

Esercizio 1: Esercizio di Osservazione

Scegli un oggetto e osservalo per cinque minuti. Prendi nota di ogni dettaglio: ombre, riflessi, texture. Ora, disegnalo senza riguardare l'oggetto. Confronta il tuo disegno con l'oggetto. Cosa hai perso?

Prospettiva: L'Arte degli Angoli di Vista

La prospettiva è il metodo che usiamo per rappresentare un mondo tridimensionale su un piano bidimensionale.

Esercizio 2: Prospettiva a Un Punto di Base

Disegna una linea dell'orizzonte e un punto di fuga. Pratica il disegno di scatole che si allontanano verso questo punto. Provalo da diversi angoli e distanze.

Luce e Ombra: La Danza del Contrasto

Come la luce interagisce con gli oggetti è essenziale per creare profondità e realismo.

Esercizio 3: Sfera di Luce e Ombra

Disegna una sfera semplice e immagina una fonte di luce. Ombreggia la sfera di conseguenza, mostrando i punti luce, i toni medi e le ombre.

Composizione: La Struttura della Tua Arte

Pensa alla composizione come alla mappa stradale per gli occhi del tuo spettatore.

Esercizio 4: Pratica della Regola dei Terzi

Schizza una scena semplice. Usa la regola dei terzi per posizionare elementi importanti. Nota come questo crea una composizione più coinvolgente.

Teoria del Colore: Più di Ciò che Appare

Anche se ci concentriamo principalmente sul disegno, comprendere la teoria del colore può arricchire il tuo lavoro in scala di grigi.

Esercizio 5: Studio della Ruota dei Colori

Anche se questo è un libro sul disegno, prenditi un momento per realizzare una semplice ruota dei colori. Questo esercizio può aiutarti a comprendere i colori complementari e contrastanti.

Texture: Il Tatto della Visione

La differenza tra vetro e pelliccia non è solo nel loro aspetto; è come si sentirebbero al tatto.

Esercizio 6: Campionario di Texture

Crea piccoli quadrati e riempi ciascuno con una texture diversa: squame, piume, mattoni, ecc. Questo ti aiuterà quando avrai bisogno di replicare queste texture in opere più grandi.

Figura e Forma: Anatomia Umana e Animale

Disegnare esseri viventi richiede un diverso insieme di abilità osservative.

Esercizio 7: Schizzi Veloci di Figure

Fai alcuni schizzi veloci di persone o animali, concentrandoti sul catturare l'essenza della loro forma piuttosto che i dettagli.

Sfumature della Natura: Catturare il Mondo Organico

Disegnare la natura può essere sia gratificante che impegnativo a causa delle sue forme organiche e dettagli intricati.

Esercizio 8: Diario della Natura

Schizza varie piante o alberi che incontri. Cerca di catturare le loro caratteristiche uniche.

Disegno Urbano: La Geometria delle Città

Edifici, automobili e macchinari offrono un diverso tipo di bellezza che può essere sorprendente da catturare.

Esercizio 9: Schizzo di Ambiente Urbano

Scegli una scena urbana e schizzala rapidamente. Presta attenzione a forme geometriche e allineamenti.

Riassunto e Riflessione

Ce l'hai fatta! Hai superato uno dei capitoli più illuminanti del tuo viaggio artistico. I tuoi occhi sono ben avviati a diventare il tuo strumento artistico più inestimabile. Continua a praticare e ricorda che la bellezza dell'arte sta nel modo in cui ti permette di vedere il mondo così come nelle immagini che crei.

Capitolo 5: Passo Dopo Passo – Guide Dettagliate per Disegni Semplici

Introduzione

Benvenuto al Capitolo 5, dove la matita incontra la carta. Ora che hai affinato le tue abilità di osservazione, è il momento di tradurre ciò che vedi in ciò che puoi disegnare. E quale modo migliore per farlo se non tuffandosi direttamente? In questo capitolo, esploreremo una varietà di guide semplici, passo dopo passo, progettate per rendere il disegno il più chiaro possibile.

Ritratti: La Finestra dell'Anima

I ritratti possono essere intimidatori, ma non devono esserlo. Inizieremo con le proporzioni facciali di base e poi approfondiremo le singole caratteristiche come occhi, naso e bocca.

Guida Passo Dopo Passo: Disegnare un Volto Semplice

- **Cerchio per il Cranio**: Disegna un cerchio per la parte superiore della testa.
- **Linee Guida Facciali**: Disegna una linea verticale e orizzontale che si intersecano al centro del cerchio.
- **Disegna la Mascella**: Schizza la linea della mascella collegandola al cerchio.
- **Posiziona gli Occhi**: Utilizzando la linea orizzontale come guida, posiziona gli occhi.
- **Naso e Bocca**: Posiziona il naso a metà tra gli occhi e il mento, la bocca a metà tra il naso e il mento.

Paesaggi: La Tua Prospettiva Scenica

Madre Natura offre una vasta gamma di soggetti. Vedremo come scomporre scene complesse in forme semplici.

Guida Passo Dopo Passo: Disegnare un Paesaggio di Base

- **Linea dell'Orizzonte**: Inizia con una linea orizzontale per stabilire l'orizzonte.

- **Forme di Base**: Aggiungi cerchi per alberi o cespugli e rettangoli per edifici o montagne.
- **Dettagli**: Inizia ad aggiungere dettagli come foglie, finestre o nuvole.
- **Contorno**: Finalizza il contorno prima di ombreggiare o dettagliare.
- **Ombreggiatura**: Aggiungi ombreggiatura per dare profondità al tuo paesaggio.

Animali: Catturare l'Essenza

Gli animali sono soggetti meravigliosi, pieni di vita e movimento.

Guida Passo Dopo Passo: Disegnare un Cane

- **Forme di Base**: Inizia con un cerchio per la testa e un ovale per il corpo.
- **Caratteristiche Facciali**: Disegna gli occhi, il naso e la bocca.
- **Gambe e Coda**: Aggiungi rettangoli per le gambe e una linea semplice per la coda.
- **Dettagli**: Aggiungi pelo, zampe e altri dettagli.
- **Finalizzazione**: Rivedi i contorni e aggiungi ombreggiatura o modelli.

Natura Morta: Bellezza Quotidiana

Disegnare soggetti di natura morta ti aiuta a praticare ombreggiatura, composizione e forma.

Guida Passo Dopo Passo: Disegnare una Fruttiera

- **Contorno**: Disegna il contorno della fruttiera.
- **Frutta**: Aggiungi cerchi e ovali per diverse frutti.
- **Ombreggiatura**: Ombreggia gli oggetti per dare loro volume.
- **Sfondo**: Aggiungi uno sfondo semplice per far risaltare gli oggetti.
- **Tocco Finale**: Aggiungi dettagli come texture della frutta, riflessi e ombre.

Anatomia Umana: Il Dono della Forma

Comprendere la forma umana può essere uno studio che dura tutta la vita, ma inizieremo con alcune basi che possono migliorare significativamente i tuoi ritratti.

Guida Passo Dopo Passo: Disegnare una Mano
- **Forme di Base**: Inizia con un rettangolo per il palmo e aggiungi ovali allungati per le dita.
- **Proporzioni**: Tieni a mente le lunghezze relative delle dita.
- **Dettagli**: Aggiungi articolazioni, unghie e nocche.
- **Ombreggiatura**: Usa luce e ombra per dare profondità alla mano.

- **Tocco Finale**: Cancella le linee non necessarie e rifinisci il tuo disegno.

Esercizio: Pose delle Mani Disegna una serie di mani in diverse pose. Questo esercizio ti aiuterà a diventare più a tuo agio con la complessità dell'anatomia della mano.

Disegno Architettonico: Edifici e Strutture

C'è un piacere unico nel catturare il mondo creato dall'uomo intorno a noi.

Guida Passo Dopo Passo: Disegnare una Casa

- **Forme di Base**: Inizia con quadrati e rettangoli per creare il contorno generale della casa.
- **Tetto e Finestre**: Aggiungi un triangolo per il tetto e rettangoli più piccoli per le finestre.
- **Porte e Dettagli**: Inserisci la porta e altri dettagli architettonici come mattoni, persiane o un camino.
- **Prospettiva**: Assicurati che tutte le linee si ritirino ai punti di fuga corretti per mantenere la prospettiva.
- **Tocco Finale**: Rivedi, cancella le linee non necessarie e aggiungi ombreggiatura o colori.

Esercizio: Schizzo del Quartiere Fai una passeggiata nel tuo quartiere e fai schizzi rapidi di diverse case. Nota gli stili architettonici e i dettagli che rendono unica ogni casa.

Veicoli: Velocità e Design

Auto, biciclette, aerei: i veicoli non sono solo funzionali ma anche bellamente progettati.

Guida Passo Dopo Passo: Disegnare un'Auto

- **Forme di Base**: Usa rettangoli arrotondati per il corpo e cerchi per le ruote.
- **Dettagli**: Aggiungi fari, finestre e altri dettagli dell'auto.
- **Proporzioni**: Assicurati che la dimensione delle ruote sia proporzionata al corpo.
- **Ombreggiatura**: Aggiungi ombre sotto l'auto e all'interno dei passaruota per darle profondità.
- **Tocco Finale**: Rifinisci il tuo disegno e aggiungi eventuali dettagli finali o riflessi.

Esercizio: Varietà di Veicoli Prova a disegnare diversi tipi di veicoli come biciclette, camion e aerei. Concentrati su ciò che rende unico ogni tipo nel design e nella forma.

Riassunto e Riflessione

Ed ecco a te! Una guida più completa per sviluppare le tue abilità, un disegno alla volta. Ricorda, ogni artista è stato una volta un dilettante, e ogni professionista ha un portfolio pieno di disegni semplici. Fa tutto parte del viaggio. Continua a praticare, perché il cielo non è il limite; è solo un altro soggetto da disegnare!

Capitolo 6: Aggiungere Complessità – Introducendo Nuovi Elementi a un Ritmo Confortevole

Introduzione

Ormai hai iniziato a trovare la tua strada nel vasto paesaggio del disegno. Hai padroneggiato le basi e hai iniziato a sviluppare il tuo occhio per vedere come un artista. È come imparare una nuova lingua; hai padroneggiato l'alfabeto e ora è il momento di formare frasi complesse.

Quindi, sei pronto a elevare i tuoi schizzi da semplici disegni a linee a opere d'arte piene di profondità e dettaglio? Meraviglioso! Perché in questo capitolo, spingeremo un po' più in là quella matita, portando ogni elemento a un livello superiore per aggiungere complessità a un ritmo che è giusto per te.

Dal 2D al 3D: Creare Profondità e Volume

Guida Passo Dopo Passo: Disegnare una Scatola 3D

- **Quadrato di Base**: Inizia con un semplice quadrato 2D.
- **Linee Prospettiche**: Estendi tre linee da ogni angolo del quadrato.
- **Chiudere la Scatola**: Disegna un altro quadrato per chiudere le linee.
- **Contorno**: Ripassa le tue linee finali per enfatizzare la scatola 3D.
- **Ombreggiatura**: Aggiungi ombreggiatura a un lato per dargli profondità.

Esercizio: Pratica con le Forme Prova a creare altre forme 3D: cilindri, coni e sfere. Ricorda, l'ombreggiatura è la tua amica qui.

Abbracciare le Texture

Disegnare è più che linee e forme; è imitare le texture del mondo reale.

Guida Passo Dopo Passo: Disegnare la Pelliccia

- **Strato di Base**: Schizza il contorno di un animale o di una zona di pelliccia.
- **Primo Strato di Pelliccia**: Aggiungi linee corte e irregolari all'interno del contorno.
- **Strati Aggiuntivi**: Crea più strati, variando la direzione e la lunghezza delle linee.
- **Dettagli**: Usa tratti più leggeri per creare punti luce e tratti più scuri per le ombre.
- **Tocco Finale**: Sfuma e mescola come necessario.

Esercizio: Campionario di Texture Disegna piccoli quadrati e riempili con diverse texture: squame, piume, venature del legno, ecc.

Incorporare il Movimento

Le immagini statiche sono ottime, ma mostrare il movimento porta vita alla tua arte.

Guida Passo Dopo Passo: Disegnare una Figura in Corsa

- **Figura Stilizzata**: Schizza una semplice figura stilizzata con posizioni esagerate di braccia e gambe.
- **Massa Muscolare**: Aggiungi ovali e rettangoli per rappresentare la massa muscolare.
- **Contorno**: Sviluppa la figura, aggiungendo vestiti ed espressioni facciali.
- **Dettagli**: Aggiungi dettagli come capelli, tratti del viso e pieghe dei vestiti.
- **Linee di Azione**: Includi linee che indicano il movimento.

Esercizio: Catturare l'Azione Schizza una serie di figure coinvolte in diverse azioni: saltare, ballare o brandire una mazza.

Esplorare i Media Misti

Perché limitarsi a matita e carta? Esplora con carbone, inchiostro e altro.

Guida Passo Dopo Passo: Arte con Media Misti

- **Base a Matita**: Crea uno schizzo di base con la matita.
- **Inchiostro Sopra**: Usa l'inchiostro per linee pulite e forti contrasti.
- **Ombreggiatura a Carboncino**: Aggiungi ombre e gradienti usando il carboncino.
- **Evidenziazioni a Colori**: Usa matite colorate per evidenziazioni selettive.
- **Tocco Finale**: Aggiungi qualsiasi elemento aggiuntivo che ti piace.

Esercizio: Esplorazione dei Materiali Usa una varietà di materiali per creare un'opera d'arte unica. Nota come ogni materiale si sente diverso e come possono completarsi a vicenda.

Padronanza di Luce e Ombra

La luce e l'ombra possono migliorare o rovinare la tua opera d'arte. Aggiungono una certa magia che trasforma un'immagine piatta in una scena realistica.

Guida Passo Dopo Passo: Identificazione della Fonte Luminosa

- **Forme di Base:** Disegna un cerchio, un quadrato e un triangolo sul tuo foglio.
- **Identifica la Fonte di Luce:** Disegna una freccia puntata verso le forme per indicare la direzione della luce.
- **Mappatura delle Ombre:** Schizza delle linee sul lato opposto alla fonte di luce per indicare dove cadranno le ombre.
- **Aggiungi Ombre:** Scurisci l'area mappata, tenendo conto della forma dell'oggetto.
- **Aggiungi Luci:** Sfuma leggermente o lascia in bianco le aree dove la luce colpisce direttamente l'oggetto.

Esercizio: Gioco di Ombre Crea una scena con più oggetti e una singola fonte di luce. Schizza le ombre per ogni oggetto in base a quella fonte di luce.

Disegno di Gesto: Catturare l'Essenza Rapidamente

A volte, l'essenza di un soggetto può essere catturata rapidamente, in poche linee veloci, ed è questo il senso del disegno di gesto.

Guida Passo Dopo Passo: Schizzi Rapidi

- **Linee Libere:** Utilizzando movimenti del polso liberi, schizza il contorno del soggetto.
- **Forme Essenziali:** Identifica e disegna le forme essenziali che compongono il soggetto.
- **Ombreggiatura Rapida:** Usa tratti veloci e leggeri per indicare eventuali ombre o luci.
- **Aggiungi Caratteristiche:** Aggiungi rapidamente le caratteristiche più distintive del soggetto.
- **Tocco Finale:** Fai un passo indietro e aggiungi eventuali dettagli cruciali che rendono il soggetto identificabile.

Esercizio: Figure di Cinque Minuti Imposta un timer per cinque minuti e cerca di catturare l'essenza di diversi soggetti: umani, animali o persino paesaggi.

Consigli Personali e Aneddoti

- **Superare il Perfezionismo:** Ricorda, ogni artista ha una pila di disegni brutti. È tutto parte del processo.

- **Prendere Pause:** A volte, allontanarsi dalla tua opera d'arte può darti una nuova prospettiva.

- **La Comunità è Importante:** Condividi il tuo lavoro, cerca feedback e, soprattutto, apprezza il lavoro degli altri.

Proporzioni e Anatomia: Raggiungere il Realismo

Ottenere le proporzioni corrette può rendere il tuo disegno realistico e vivace. Stai disegnando figure umane o animali? Comprendere l'anatomia è essenziale.

Guida Passo Dopo Passo: Proporzioni nelle Figure Umane

- **Disegna lo Scheletro:** Crea una figura stilizzata di base per agire come uno scheletro.

- **Misura Altezze:** Usa la testa come unità di misura per il corpo.

- **Forme a Blocchi:** Aggiungi ovali, quadrati e rettangoli per rappresentare i gruppi muscolari.

- **Affina:** Aggiungi curve e angoli per dare vita alla tua figura stilizzata.

- **Dettagli:** Aggiungi tratti del viso, vestiti e altri dettagli.

Esercizio: Schizzi di Anatomia Studia immagini di scheletri e gruppi muscolari di umani o animali. Prova a schizzarli, concentrandoti su proporzioni e angoli.

Giocare con i Colori: Psicologia e Tecnica

Il colore non è solo riempimento; è un'espressione, una narrazione di per sé. Puoi raccontare storie solo con le palette di colori che scegli.

Guida Passo Dopo Passo: Tecniche di Colorazione

- **Scegli una Palette:** Decidi una gamma di colori.

- **Strato di Base:** Usa tonalità più chiare come base.

- **Costruzione:** Aggiungi strati di colori più scuri per profondità.

- **Luci:** Usa il bianco o tonalità più chiare per mostrare dove la luce colpisce.

- **Dettagli:** Usa colori contrastanti per attirare l'occhio sui punti chiave.

Esercizio: Gioco con la Ruota dei Colori Crea la tua ruota dei colori per comprendere i colori complementari e contrastanti. Prova ad usarli in un semplice dipinto.

Scomporre Oggetti Complessi

A volte un oggetto può sembrare troppo complesso da disegnare, ma ricorda, può sempre essere scomposto in forme più semplici.

Guida Passo Dopo Passo: Scomporre la Complessità in Semplicità

- **Contorno:** Schizza il contorno di base dell'oggetto.
- **Forme di Base:** Identifica le forme di base che compongono l'oggetto.
- **Dividi e Conquista:** Scomponilo nelle sue parti componenti e affronta ciascuna separatamente.
- **Dettagli:** Aggiungi lentamente i dettagli intricati.
- **Revisione:** Fai un passo indietro e rivedi, apportando modifiche se necessario.

Esercizio: Sfida della Complessità Scegli un oggetto complesso e scomponilo in componenti più semplici. Disegna ogni componente individualmente prima di combinarli nell'oggetto finale.

L'Arte delle Composizioni: Posizionare i Tuoi Elementi

La composizione si riferisce all'arrangiamento degli elementi nel tuo disegno. Può essere la differenza tra una scena caotica e un capolavoro affascinante.

Guida Passo Dopo Passo: Creare una Composizione Bilanciata

- **Progettazione:** Schizza grossolanamente dove ogni elemento dovrebbe andare.
- **Punto Focale:** Decidi un punto focale che catturi l'attenzione dello spettatore.
- **Equilibrio:** Assicurati che gli elementi siano bilanciati nell'inquadratura.
- **Linee e Percorsi:** Usa linee per guidare l'occhio dello spettatore attraverso l'opera d'arte.
- **Revisione Finale:** Fai un passo indietro e valuta la composizione prima di finalizzarla.

Esercizio: Schizzi Compositivi Crea schizzi in miniatura per esplorare diverse composizioni. Sperimenta con il posizionamento degli elementi e gli angoli di visione.

Riassunto e Riflessione: Complessità Semplificata

C'è una sinfonia nella complessità, un'armonia che sorge quando più elementi si uniscono senza soluzione di continuità. Non stai più solo schizzando linee e forme; stai creando una storia, modellando un'esperienza e, forse, anche suscitando un'emozione.

Disegnare è un mondo di possibilità infinite, e man mano che aggiungiamo strati di complessità, stiamo lentamente ma sicuramente scoprendo le sue profondità. Più tecniche aggiungi al tuo kit, più ricca e variegata diventerà la tua arte. E indovina un po'? La parte migliore deve ancora venire.

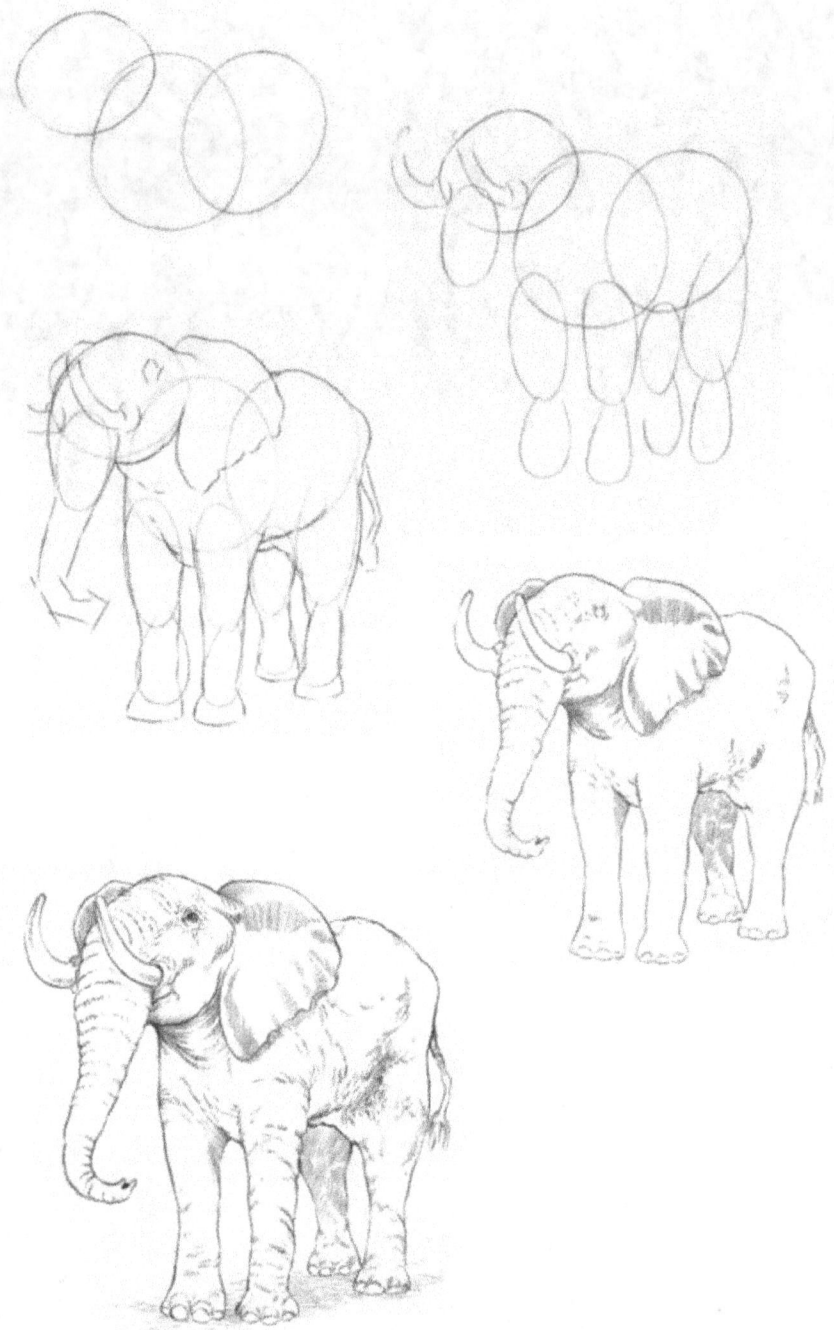

COME DISEGNARE

Parte III: Tecniche Approfondite - Svelare la Cassetta degli Attrezzi dell'Artista

Benvenuto, caro lettore, in una parte trasformativa del tuo viaggio artistico: la Parte III, dove ci addentriamo nelle tecniche avanzate che non solo miglioreranno la tua arte, ma la ridefiniranno. Pensa a questa sezione come al tuo scrigno del tesoro, pieno di gemme che aggiungeranno brillantezza alla tua tela, sia essa di carta o digitale.

Abbiamo percorso un cammino che è iniziato con la comprensione delle rudimentali del disegno e ci ha portato attraverso la pratica di elementi complessi. Ora, è il momento di sbloccare tecniche avanzate che gli artisti, sia dilettanti che professionisti, ambiscono. Queste non sono solo tecniche; sono i segreti dietro quelle opere d'arte mozzafiato che forse hai visto e ammirato in gallerie o sui social media. E indovina un po'? Sei più che capace di creare tali capolavori anche tu.

In questa sezione, inizieremo con il rendering delle texture e procederemo ad esplorare i mondi affascinanti della prospettiva, del movimento dinamico e persino avventurarci nella terra quasi mistica della teoria del colore. Scopriremo come queste tecniche possano elevare il tuo lavoro da 'solo un altro disegno' a un pezzo d'arte affascinante.

Tuttavia, il focus non è solo sugli aspetti meccanici di queste tecniche. L'arte è un linguaggio, una forma di espressione. Pertanto, insieme all'abilità tecnica, enfatizzeremo su come utilizzare queste tecniche per parlare la tua verità, per narrare le tue storie e per evocare emozioni.

Per coloro tra voi che potrebbero sentirsi un po' apprensivi o sopraffatti, fate un respiro profondo. Ricorda, questo libro è il tuo mentore paziente, il tuo tifoso e la tua guida. Con istruzioni passo dopo passo, esercizi divertenti e storie coinvolgenti, semplificheremo queste tecniche complesse, rendendole accessibili e piacevoli.

Come abbiamo sottolineato in tutto il libro, l'arte è un viaggio, e ogni viaggio ha le sue asperità e curve. Tuttavia, con passione e persistenza, non c'è nulla che tu non possa raggiungere. Preparati ad esplorare, a sperimentare e, soprattutto, ad esprimerti. La tua voce artistica sta per diventare molto più ricca e risonante. Giriamo la pagina e lasciamo che la magia si dispieghi, d'accordo?

COME DISEGNARE

Capitolo 7: Oltre le Basi – Esplorando Tecniche Avanzate

Introduzione: Svelare la Cassetta degli Attrezzi Avanzata

Se sei arrivato fino a qui, datti una vigorosa pacca sulla spalla! Il viaggio è stato incredibile, e la tua dedizione ti ha portato alla soglia della vera maestria. Mentre i capitoli precedenti ti hanno aiutato a consolidare le tue abilità di base, questo capitolo è dove ci avventuriamo oltre. Considera questo come il trampolino di lancio per la tua astronave della creatività, che ti spinge verso regni che potresti non aver mai immaginato!

Texture e Materiale: Renderlo Reale

Descrizione Grafica Visiva: Diverse campionature di texture come pelo, squame e tessuto.

Come Disegnare il Pelo Qui, entriamo nei dettagli del disegnare il pelo, che riguarda la stratificazione e la direzionalità.

Strato di Base: Schizza un contorno semplice dell'area che sarà coperta di pelo. Primo Strato di Pelo: Disegna il pelo usando linee semplici e dritte. Queste linee fungono da guida per la direzione del pelo. Profondità e Volume: Aggiungi strati disegnando ciuffi di pelo sopra il primo strato, assicurandoti di seguire la stessa direzione generale. Dettagli e Texture: Con una matita più morbida, aggiungi i peli fini che danno al pelo la sua texture unica. Ombreggiatura e Luce: Usa toni chiari e scuri per creare profondità.

Come Disegnare le Squame Descrizione Grafica Visiva: Viste ravvicinate di diversi tipi di squame: serpente, pesce, drago, ecc.

Strato di Base: Schizza il contorno dell'area dove saranno le squame. Sistema a Griglia: Disegna linee intersecanti o curve sopra lo strato di base per creare una griglia. Squame Individuali: In ogni cella della griglia, schizza le squame. Ricorda, la forma può variare a seconda della creatura. Ombreggiatura e Luce: Usa toni variati per rendere le squame tridimensionali.

Catturare il Movimento: La Dinamica dell'Azione

Descrizione Grafica Visiva: Esempi di disegni che catturano vari movimenti: correre, saltare, volare.

Le Basi del Disegno di Gesto Il disegno di gesto riguarda catturare l'essenza del movimento in un breve periodo. Schizzi rapidi, spesso realizzati in meno di un minuto, servono a questo scopo.

Concentrati sulla Linea d'Azione: Questa è la linea immaginaria che attraversa una figura in movimento. Schizza Forme di Base: Usa cerchi e ovali per rappresentare la testa e le parti del corpo. Aggiungi Arti: Schizza le braccia e le gambe usando linee dritte. Revisiona e Rifinisci: Una volta catturata l'essenza del movimento, puoi tornare ad aggiungere dettagli.

Pose Dinamiche: Trasmettere Energia Descrizione Grafica Visiva: Varie pose dinamiche: atterraggio di un supereroe, ballerina che gira, atleta che sprinta.

Foreshortening: Questa tecnica coinvolge il disegno di un oggetto o figura in profondità in un'immagine. Prospettiva e Angolo: A volte cambiare l'angolo può aggiungere energia a una posa. Linee di Movimento: Usa linee tratteggiate o esagerate per indicare il movimento.

Prospettiva: Padronanza dell'Illusione della Profondità

Descrizione Grafica Visiva: Una guida passo dopo passo alla prospettiva a uno, due e tre punti.

Prospettiva a Un Punto Qui, tutte le linee convergono verso un singolo punto all'orizzonte. È spesso usata per strade, binari ferroviari o edifici visti frontalmente.

Linea dell'Orizzonte: Disegna una linea orizzontale attraverso la pagina. Punto di Fuga: Scegli un punto sulla linea dell'orizzonte dove tutte le linee convergeranno. Linee Convergenti: Disegna linee dagli angoli del tuo oggetto indietro al punto di fuga.

Prospettiva a Due Punti In questo caso, le linee convergono verso due punti all'orizzonte. È utile per disegnare edifici visti da un angolo.

Linea dell'Orizzonte e Punti di Fuga: Disegna la linea dell'orizzonte e segna due punti di fuga alle estremità. Linee Convergenti: Le linee dell'oggetto convergeranno verso uno dei due punti di fuga.

Riassunto: La Cassetta degli Attrezzi Avanzata Svelata

Questo capitolo è stato un'odissea, non è vero? Abbiamo svelato le complessità delle texture, danzato con il movimento dinamico e sperimentato la magia illusoria della prospettiva. Queste tecniche sono le tue chiavi per il regno del disegno avanzato. Mentre chiudiamo questo capitolo, ricorda che queste non sono solo tecniche; sono strumenti per esprimere la tua voce unica nel mondo dell'arte.

Eccitato per il prossimo passo? Giriamo la pagina e continuiamo questo viaggio stupefacente.

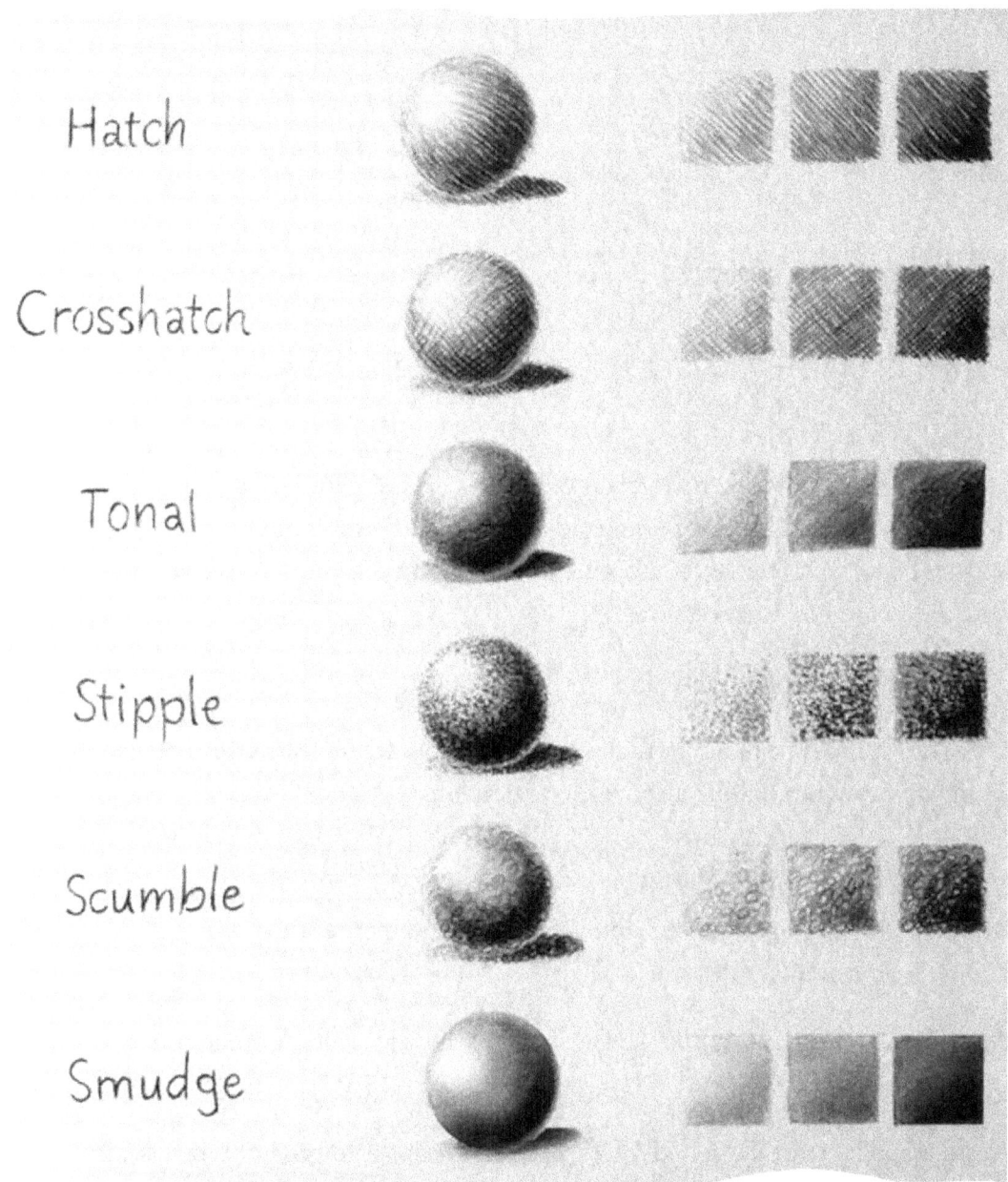

Capitolo 8: Variazioni di Stile – Trovare il Tuo Tocco Personale

Introduzione: La Firma dell'Artista

Il mondo dell'arte è vario quanto gli artisti che la creano. C'è spazio per tutti e per ogni stile. La tua voce artistica è una miscela delle tue abilità, influenze ed esperienze di vita, rendendola unica. Considera questo capitolo come una tavolozza vibrante di stili artistici. Il tuo compito è mescolare e abbinare questi 'colori' per creare il tuo capolavoro.

Realismo: Catturare il Mondo Così Com'è

Descrizione Grafica Visiva: Confronto fianco a fianco tra una fotografia e un disegno realistico dello stesso soggetto, mostrando l'incredibile attenzione ai dettagli.

Tecniche:

- **Osservazione**: La pietra angolare del realismo. Studia attentamente il tuo soggetto, notando le sfumature di luce, ombra e forma.

- **Ombreggiatura Graduale**: Padronanza dell'arte delle transizioni fluide tra le tonalità per creare un effetto tridimensionale.

- **Precisione**: L'accuratezza è fondamentale. Usa righelli, compassi e griglie se necessario.

Consigli Aggiuntivi:

- Tieni un quaderno di schizzi per disegni osservazionali.
- Lavora dal vivo ogni volta che è possibile.
- Osserva le opere di artisti realisti per ispirazione e tecnica.

Esercizio Pratico:

- Disegna un'arrangiamento di natura morta, concentrandoti sull'interazione di luce e ombra, sulla texture dei materiali e sulle sfumature di colore.

Astratto: Rompere i Confini

Descrizione Grafica Visiva: Esempi di arte astratta con forme geometriche, schemi di colori selvaggi e forme non convenzionali.

Tecniche:

- **Teoria del Colore**: L'arte astratta è un campo di gioco per i colori. Impara le basi della teoria del colore per far risaltare i tuoi pezzi.
- **Forme e Linee**: Libera te stesso dal concreto e avventurati nel regno dell'astratto.
- **Texture**: Usa diversi mezzi per creare una varietà di texture. Ciò aggiunge strati di complessità alla tua arte.

Consigli Aggiuntivi:

- Sperimenta con strumenti non tradizionali, come spatole o persino le tue dita.
- Studia l'impatto emotivo dei colori e delle forme.
- Visita mostre d'arte astratta per ispirazione.

Esercizio Pratico:

- Crea un pezzo astratto ispirato da un brano musicale. Concentrati su come la musica ti fa sentire e cerca di esprimere quell'emozione attraverso il colore e la forma.

Cartone Animato e Caricatura: Amplificare la Realtà

Descrizione Grafica Visiva: Esempi di cartoni animati e caricature, con enfasi su caratteristiche esagerate.

Tecniche:

- **Esagerazione**: I cartoni animati e le caricature prosperano sull'iperbole. Esagera per intrattenere ma non per distorcere.
- **Semplicità**: In un cartone animato, meno può essere di più. Linee non ingombranti possono trasmettere emozione o azione più efficacemente.
- **Umorismo**: L'anima di questo stile. Che sia satira o slapstick, assicurati che il tuo disegno catturi la battuta.

Consigli Aggiuntivi:

- Il cartooning è ottimo per raccontare storie. Considera di creare la tua striscia a fumetti.
- Studia il lavoro di famosi cartoonisti e caricaturisti. Cosa rende il loro lavoro eccezionale?
- Sperimenta con strumenti digitali; offrono una gamma diversa di possibilità.

Esercizio Pratico:

- Disegna una caricatura di qualcuno che conosci, concentrandoti sulle loro caratteristiche più distintive. Assicurati che sia tutto in buon divertimento!

Manga e Anime: L'Arte del Racconto

Descrizione Grafica Visiva: Esempi popolari di stili artistici manga e anime, mostrando la diversità all'interno di questi generi.

Tecniche:

- **Espressioni Facciali**: Manga e anime sono carichi emotivamente. Padronanza di una varietà di espressioni facciali è fondamentale.
- **Pose Dinamiche**: Cattura l'azione attraverso movimenti esagerati ma fluidi.
- **Layout dei Pannelli**: Nel manga, la disposizione dei pannelli gioca un ruolo cruciale nel ritmo della storia.

Consigli Aggiuntivi:

- Studia il lavoro di artisti manga di spicco per comprendere le sfumature di questo stile.
- Considera il flusso del tempo nei tuoi pannelli manga; non si tratta solo dei disegni individuali ma di come si connettono.
- Ricorda, il manga si legge da destra a sinistra!

Esercizio Pratico:

- Crea una breve striscia manga. Traccia una storia semplice, abbozzala e poi dai vita ai tuoi personaggi.

Riassunto: Il Tuo Stile Unico è il Tuo Superpotere

Trovare il tuo stile unico è come completare un puzzle. Ogni influenza, ogni abilità che acquisisci, è un pezzo di quel puzzle. Potresti non avere ancora l'immagine completa, e va bene così! Lo stile artistico è fluido; è permesso evolversi, e così sei tu. Continua a sperimentare, continua a metterti alla prova e, soprattutto, continua a disegnare. Il mondo attende il tuo tocco unico. Continuiamo a girare quelle pagine, d'accordo?

Questo capitolo ampliato dovrebbe fornire un'esperienza più approfondita e arricchente per i nostri lettori. Vorresti continuare con la prossima sezione?

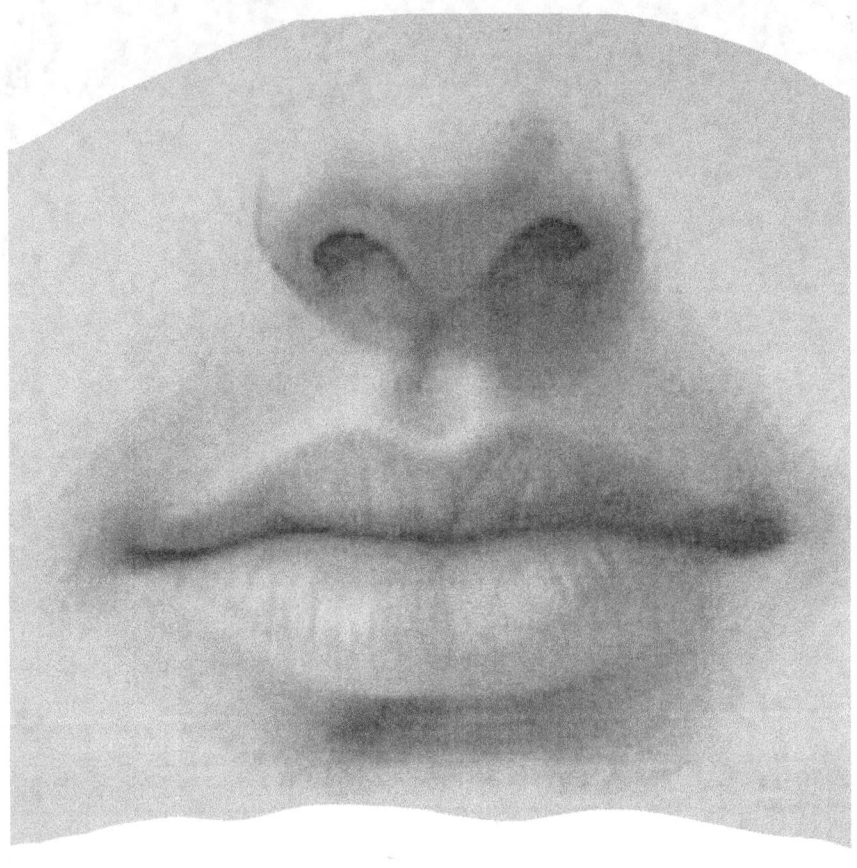

COME DISEGNARE

Capitolo 9: Risoluzione dei Problemi Comuni – Superare Ostacoli Artistici

Introduzione: Navigare nel Labirinto della Creatività

I viaggi artistici non riguardano solo godersi la luce dell'ispirazione, ma anche affrontare le ombre degli ostacoli. Tuttavia, ogni impedimento è un invito nascosto a crescere, ad ampliare il tuo repertorio artistico. Quindi, considera questo capitolo non solo come una guida, ma come il tuo compagno esperto nei sentieri intricati della creatività.

Sezione I: Il Temuto Blocco dell'Artista: Come Liberarsene

Cos'è il Blocco dell'Artista? La condizione in cui le idee sembrano esaurirsi, o la fiducia subisce un calo, lasciandoti di fronte a una tela intimidatoria vuota. È un fenomeno comune, ma le sue soluzioni sono diverse quanto le sue cause.

Descrizione Grafica Visiva: Un flusso di lavoro che parte dalla domanda "Stai vivendo un blocco dell'artista?" verso varie soluzioni come "Prenditi una pausa", "Cerca ispirazione" e "Mettiti alla prova".

Tecniche per Superare il Blocco dell'Artista:

- **Mind Mapping**: Questa forma visiva di brainstorming può aiutarti a organizzare i tuoi pensieri dispersi.
- **Caso di Studio**: L'artista Jane Doe, che usa mappe mentali per sviluppare temi per le sue opere d'arte.
- **Vincoli Creativi**: Stabilire limiti può essere liberatorio, permettendo alla tua creatività di concentrarsi.
- **Esercizio**: Prova l'esercizio delle "Quattro Linee", dove devi creare arte usando solo quattro linee rette.

Consigli Avanzati:

- **Diario Artistico**: Mantieni un diario dove puoi annotare idee, schizzi e ispirazioni.

- **Collaborazione**: A volte due teste sono meglio di una. Unisciti a un altro artista per riaccendere la tua scintilla creativa.

Sezione II: Proporzioni e Prospettive: Ottenerle Correttamente

L'Importanza dell'Accuratezza Mentre l'arte astratta ha i suoi incanti, padroneggiare le proporzioni è cruciale per disegni realistici. Questa sezione servirà come tua guida tecnica, il tuo righello e il tuo livello.

Descrizione Grafica Visiva: Confronto fianco a fianco tra un disegno distorto e la sua versione corretta.

Tecniche per Padronanza delle Proporzioni:

- **Tecniche di Misurazione**: Imparare a misurare le proporzioni usando la tua matita.
- **Caso di Studio**: Il famoso ritrattista John Smith e come ha padroneggiato le proporzioni.
- **Nozioni di Base di Anatomia**: Comprendere il sistema scheletrico e muscolare per disegnare umani e animali.
- **Esercizio**: Schizza una figura anatomica semplice, concentrandoti sulle proporzioni degli arti.

Consigli Avanzati:

- **Rapporto Aureo**: Questo rapporto matematico può aiutare a ottenere composizioni esteticamente piacevoli.
- **Uso della Fotografia**: Come sovrapporre una griglia su foto può migliorare le tue abilità osservative.

Sezione III: Ombreggiatura e Luce: Padronare l'Illusione della Profondità

Il Ruolo dell'Ombreggiatura L'ombreggiatura non è solo una tecnica; è il linguaggio della profondità e della dimensione nel mondo visivo. È ciò che trasforma le tue linee bidimensionali in una forma realistica.

Descrizione Grafica Visiva: Diversi oggetti ombreggiati con una, due e più fonti di luce.

Tecniche per l'Ombreggiatura:

- **Tipi di Ombreggiatura**: Incrociare, puntinare e altre tecniche.
- **Caso di Studio**: L'uso del chiaroscuro di Leonardo da Vinci nelle sue opere.
- **Studio dei Materiali**: Come diverse superfici influenzano il modo in cui la luce interagisce.

- **Esercizio**: Disegna un oggetto lucido e uno opaco affiancati e osserva le differenze nell'ombreggiatura.

Consigli Avanzati:

- **Ombreggiatura all'Aperto**: Tecniche per catturare la luce naturale nei paesaggi.
- **Luce Artificiale vs Naturale**: Come diverse fonti di luce possono influenzare la tua opera.

Riassunto: L'Arte di Superare

Disegnare è un viaggio con la sua quota di ostacoli. Ma ricorda, gli ostacoli non sono vicoli ciechi; sono deviazioni sulla strada verso la maestria. Nel percorrere questi problemi comuni, non solo hai acquisito consigli, ma anche la resilienza che distingue gli artisti dai semplici scarabocchiatori.

Parte IV: Maestria e Concetti Avanzati
Introduzione: La Soglia della Maestria

Benvenuto al culmine della tua ascesa artistica—Parte IV. Comprendi che il picco è dove la scalata diventa più ripida, ma anche più gratificante. I tratti magistrali che stupiscono il pubblico, il brillante gioco di luce e ombra, la sublime narrazione attraverso linee e contorni: queste non sono semplici tecniche. Sono incarnazioni di dedizione implacabile, focus intenso e un insaziabile appetito per la crescita artistica.

I capitoli che seguono sono progettati per aiutarti a varcare la soglia verso la maestria artistica. Questa sezione ti introdurrà a tecniche e concetti avanzati che possono spingere le tue abilità nel regno dell'arte professionale. Imparerai sugli strumenti e gli approcci che gli artisti professionisti usano per elevare il loro lavoro e ti addentrerai anche nel vasto mare dell'arte digitale. Inoltre, parleremo di come compilare la tua arte in un portfolio, un passo cruciale se stai contemplando di trasformare la tua passione in una professione o semplicemente di mostrare la tua crescita come artista.

Descrizione Grafica Visiva: Una piramide che illustra le fasi dello sviluppo artistico. Alla base c'è 'Abilità Fondamentali', sopra ci sono 'Tecniche Intermedie' e in cima 'Maestria e Concetti Avanzati.'

A questo punto del tuo viaggio, hai afferrato gli elementi essenziali, affinato il tuo occhio e combattuto attraverso ostacoli comuni. Ora è il momento di aggiungere i tocchi finali, le sottigliezze che distinguono l'arte buona da quella grande. Questi sono i concetti che sono spesso difficili da descrivere ma sono immediatamente riconoscibili nei capolavori. Coinvolgono non solo ciò che metti sulla tela, ma anche ciò che lasci fuori; non solo come impieghi le tecniche, ma come le adatti o addirittura le rompi intenzionalmente per fare una dichiarazione.

Per padroneggiare qualcosa, bisogna andare oltre i confini conosciuti, rompere le norme e trovare nuovi territori. Nell'arte, questo significa imparare a trascendere la tecnica per trovare la tua voce unica, la tua firma artistica che si distingue in un mare di uniformità. Che tu miri a perseguire l'arte come carriera, hobby appassionato o medium di espressione personale, la strada per la maestria è lastricata sia di innovazione che di introspezione.

Mentre ci imbarchiamo in questo segmento emozionante, ricorda che l'arte non riguarda la destinazione; è riguardo al viaggio. Non è dove finisce la tua matita, ma dove ti porta. Quindi, affila quelle matite, perché non siamo ancora alla linea di arrivo; infatti, questo è solo l'inizio della tua relazione a lungo termine con l'arte.

Questa sezione ti prepara per il salto finale verso il diventare un artista realizzato. Pronto ad approfondire questi concetti avanzati?

COME DISEGNARE

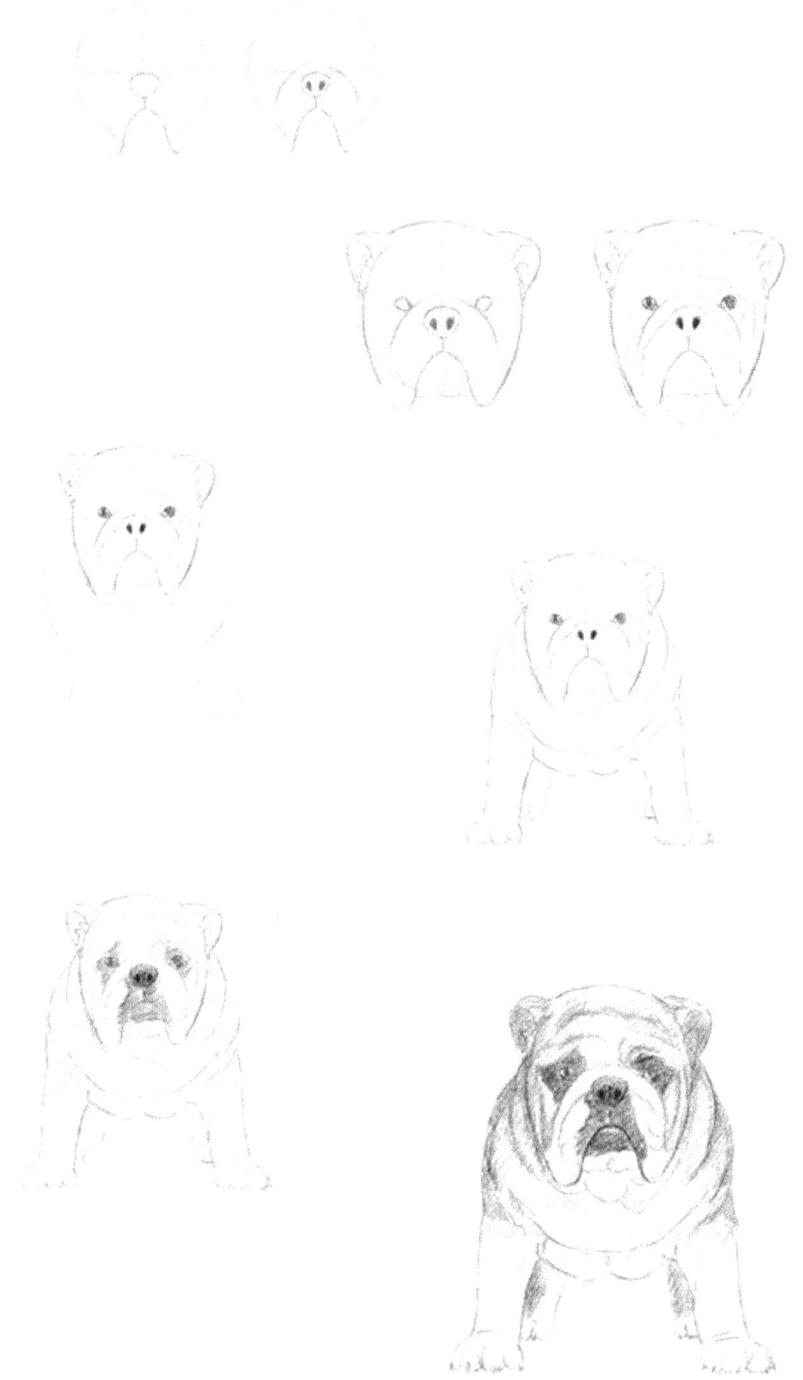

COME DISEGNARE

Capitolo 10: Tecniche Professionali – Elevare la Tua Arte

Introduzione: L'Artigianato di un Professionista

Congratulazioni per aver raggiunto questo capitolo fondamentale. Qui, ci eleviamo da studenti d'arte a praticanti dell'arte. Mentre le sezioni precedenti hanno gettato le basi e stirato le pieghe, questo capitolo è il tuo giro finale, dove aggiungiamo le campane e i fischietti alla tua persona artistica. Immagina questo come la fine lavorazione che trasforma una buona scultura in un capolavoro mozzafiato.

Descrizione Grafica Visiva: Un set di strumenti che gli artisti professionisti spesso usano: matite di alta qualità, taccuini avanzati, tavolette digitali e software specializzato.

Sezione I: Tecniche Avanzate di Schizzo (800 parole)

A questo punto, lo schizzo dovrebbe essere una seconda natura per te. Tuttavia, è essenziale continuare a spingere i confini.

Schizzo a Mano Libera: Un esercizio avanzato per allentare il polso e portare spontaneità nelle tue linee. Caso di Studio: Come gli schizzi a mano libera di Picasso offrono uno sguardo intimo nella sua straordinaria immaginazione. Disegno di Contorno: Una tecnica per catturare l'essenza senza perdersi nei dettagli. Esercizio: Disegna un fiore in una linea continua senza sollevare la matita.

Sezione II: Padronanza della Teoria del Colore

Il colore è più di un piacere visivo; è uno strumento potente di espressione.

Comprendere la Ruota dei Colori: Approfondire i colori primari, secondari e terziari. Esercizio: Crea la tua ruota dei colori con pitture o strumenti digitali. Psicologia dei Colori: Come diversi colori evocano diverse emozioni. Caso di Studio: L'uso del colore da parte di Van Gogh per rappresentare umore ed emozione in "Notte Stellata".

Sezione III: Texture e Modelli

Oltre al colore e alla forma, la texture può aggiungere una qualità tangibile ai tuoi disegni.

Texture Fisica vs Visiva: Comprendere la differenza e come utilizzare entrambe. Esercizio: Crea un disegno che incorpori sia texture fisiche che visive. Utilizzare Modelli Efficacemente: Dai modelli naturali a quelli geometrici, rendere l'arte più coinvolgente. Caso di Studio: I modelli intricati nell'arte islamica e i loro significati simbolici.

Sezione IV: Composizioni e Layout

Una composizione efficace può trasformare anche soggetti semplici in opere d'arte coinvolgenti.

Regola dei Terzi: Uno dei principi più essenziali nella composizione artistica. Esercizio: Prendi un soggetto semplice e disegnalo seguendo la regola dei terzi. Creare Focus e Bilanciamento: Tecniche per guidare l'occhio dello spettatore. Caso di Studio: Il bilanciamento nella simmetria e asimmetria nell'arte giapponese.

Sezione V: Il Salto Digitale: Introduzione agli Strumenti Digitali

Benvenuto nella faccia del XXI secolo dell'arte! La tela digitale offre un regno di nuove possibilità.

Scelta del Software: Da Adobe Photoshop a Procreate, esplora le principali piattaforme. Caso di Studio: Artisti digitali che hanno lasciato il segno usando diversi software. Transizione da Carta a Schermo: Consigli ed esercizi per fare il passaggio. Esercizio: Crea un semplice disegno su una piattaforma digitale e confrontalo con il tuo schizzo a matita.

Riassunto: L'Ultimo Tocco di Pennello

Non solo hai scalato la ripida curva di apprendimento delle tecniche artistiche, ma hai anche superato i limiti, toccando il regno dell'artigianato avanzato. Gli strumenti e le tecniche coperti in questo capitolo non sono solo abilità; sono i tuoi alleati nel creare arte che non solo impressiona ma anche esprime. Continua a spingere i confini e ricorda, l'arte è un viaggio eterno, e hai appena iniziato.

Capitolo 11: Arte Digitale – Introduzione agli Strumenti Tecnologici

Introduzione: Il Rinascimento Digitale

Mentre giri le pagine di questo capitolo, stai entrando in un mondo dinamico e in continua evoluzione: l'Arte Digitale. È la tela del XXI secolo dove l'unica limitazione è la tua immaginazione. Sebbene l'arte tradizionale avrà sempre il suo posto sacro, l'arte digitale apre nuovi orizzonti, permettendo alla tua creatività di trascendere i confini fisici. In questo capitolo, ti guideremo attraverso il labirinto digitale, introducendoti ai software, agli strumenti e alle tecniche che stanno ridefinendo il paesaggio artistico.

Descrizione Grafica Visiva: Un tablet digitale con uno stilo, affiancato da un quaderno da disegno e una matita tradizionali, simboleggiando la fusione di due mondi.

Sezione I: Strumenti Hardware Essenziali

Entrare nel regno dell'arte digitale richiede non solo entusiasmo ma anche l'attrezzatura giusta.

Tablet Grafici: Panoramica completa sui marchi come Wacom, XP-Pen e Huion, discutendo i loro pro e contro.

- **Caso di Studio**: Come il rinomato artista digitale Aaron Blaise usa il suo tablet per simulare i media naturali.
- **Consiglio**: Considera il tuo spazio di lavoro quando scegli la dimensione del tuo tablet.
- **Esercizio**: Prova a disegnare linee dritte e curve usando uno stilo.

Stilus: Approfondimento sui tipi, sensibilità alla pressione, riconoscimento dell'inclinazione e pulsanti personalizzabili.

- **Fatto Curioso**: La tecnologia dietro la sensibilità alla pressione dello stilus!
- **Esercizio**: Disegna lo stesso oggetto usando diversi livelli di pressione.

Sezione II: Nozioni di Base sui Software

L'arte digitale è versatile quanto i software che impiega.

Adobe Photoshop vs. Corel Painter: Non solo un confronto, ma anche i loro punti di forza specifici nella manipolazione delle foto e nella simulazione dei media naturali.

- **Esercizio**: Scarica le versioni di prova e ricrea un disegno semplice in entrambe le piattaforme.
- **Fatto Curioso**: La storia dietro il nome di Photoshop!

App per Disegno Mobile: Andremo oltre Procreate e Sketchbook per introdurre app meno conosciute ma potenti come Adobe Fresco e Ibis Paint X.

- **Caso di Studio**: Artisti come David Hockney che hanno abbracciato l'arte su iPad.

Sezione III: Comprendere Livelli e Pennelli

Questi sono i mattoni della tua arte digitale.

Lavorare con i Livelli: Un'esplorazione più approfondita delle modalità dei livelli come Moltiplica, Sovrapposizione e come utilizzare le maschere.

- **Esercizio**: Crea un autoritratto multilivello.
- **Elemento Interattivo**: Gioco di stratificazione per comprendere l'ordine di impilamento.

Tipi di Pennelli: Esplorazione del vasto paesaggio di pennelli, inclusi pennelli personalizzati.

- **Caso di Studio**: Come i pennelli personalizzati di Loish sono diventati uno standard dell'industria.

Sezione IV: Effetti Speciali e Filtri

La magia dell'arte digitale risiede nelle possibilità illimitate.

Aggiungere Texture: Dall'uso di texture pre-fatte alla creazione delle tue da zero.

- **Esercizio**: Trasforma un'illustrazione piatta in un capolavoro con texture.
- **Giocare con i Filtri**: Un approccio responsabile nell'uso dei filtri per aggiungere drammaticità senza diventare artificioso.
- **Caso di Studio**: Il dibattito sull'uso dell'IA nella creazione artistica.

Sezione V: Esportare e Condividere la Tua Arte Digitale

Il tuo lavoro non è completo finché non viene condiviso.

Formati di File: Uno sguardo più approfondito alla profondità di bit, ai profili colore e al perché questi sono importanti.

- **Esercizio**: Crea una checklist dei passaggi prima di esportare la tua arte.
- **Condivisione sui Social Media**: Come mantenere la qualità della tua arte quando la carichi su piattaforme che comprimono le immagini.
- **Caso di Studio**: Come alcuni artisti suddividono la loro arte in più post per un impatto maggiore.

Riassunto: La Frontiera Digitale

Congratulazioni per aver completato questo ampio capitolo sull'arte digitale! Mentre chiudi questo capitolo, speriamo tu percepisca il potenziale elettrizzante che gli strumenti digitali portano nel tuo spazio creativo. Ricorda, come con l'arte tradizionale, la pratica rende perfetti.

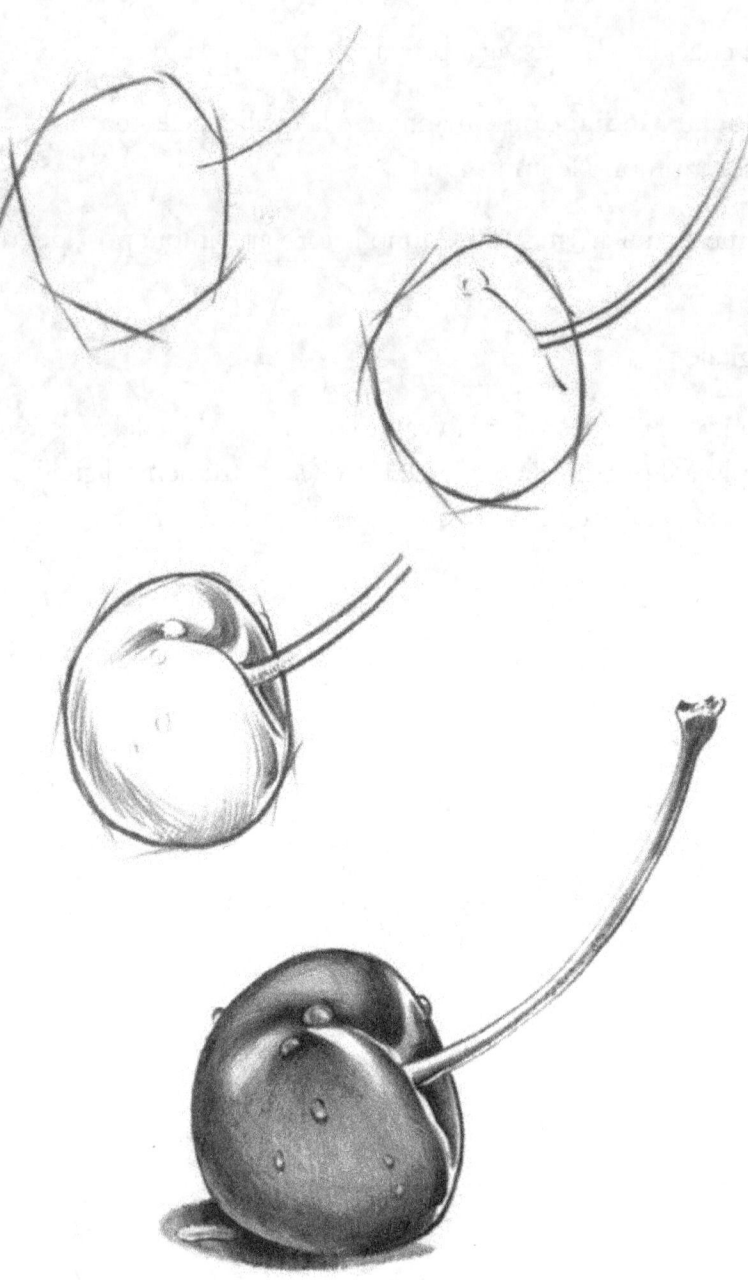

COME DISEGNARE

Capitolo 12: Creare un Portfolio – Prepararsi per Opportunità Professionali

Introduzione

Se la tua arte è il linguaggio che parli, allora considera il tuo portfolio come il romanzo che hai scritto nel tempo, dove ogni pezzo aggiunge un capitolo diverso, portando complessità e sfumature alla tua narrazione. Questa sezione del tuo viaggio artistico non è solo un pensiero secondario, ma una pietra miliare fondamentale. È il passaggio dal fare arte per esplorazione personale al creare una narrazione visiva per l'esperienza del mondo. Qui, ci immergiamo profondamente nell'architettura di un portfolio, dalla conceptualizzazione alla presentazione, e perché è cruciale per la tua carriera, sia essa accademica, freelance o professionale.

Sezione I: L'Importanza di un Portfolio

Perché Hai Bisogno di un Portfolio

- **Sottosezione**: Networking: Espandere le tue connessioni usando il tuo portfolio come punto di partenza per conversazioni.
- **Sottosezione**: Valutazione delle Competenze: Il tuo portfolio può anche fungere da tua personale revisione delle prestazioni.
- **Sottosezione**: Rafforzamento della Fiducia: L'atto di costruire un portfolio è affermativo e spesso aumenta la tua fiducia artistica.

Prime Impressioni e Impatto Duraturo

- **Sottosezione**: La Psicologia delle Prime Impressioni: Ricerche scientifiche su quanto velocemente le persone formano opinioni.
- **Sottosezione**: Costruire un Marchio: Il tuo portfolio come estensione del tuo marchio artistico.

Sezione II: Cosa Includere

Curare le Tue Opere

- **Sottosezione**: Impatto Emotivo: Comprendere il tono emotivo che le tue opere collettivamente trasmettono.
- **Sottosezione**: L'Importanza del Contesto: Come organizzare le tue opere in modo che forniscono una narrazione o un flusso.

Cosa Non Includere

- **Sottosezione**: Evitare la Ridondanza: Assicurarsi che ogni pezzo serva uno scopo unico.
- **Sottosezione**: Quando Meno è Più: Le insidie del sovraccaricare il tuo portfolio.

Sezione III: Portfolio Digitali vs. Fisici

Vantaggi e Svantaggi

- **Sottosezione**: Costo e Comodità: L'economia dei portfolio digitali vs. fisici.
- **Sottosezione**: Raggiungimento del Pubblico: Come ciascun tipo può soddisfare pubblici diversi.

Unire il Meglio di Entrambi i Mondi

- **Sottosezione**: Codici QR e Realtà Aumentata: Modi innovativi per rendere il tuo portfolio fisico interattivo.

Sezione IV: Suggerimenti per la Presentazione

L'Estetica del Design

- **Sottosezione**: Teoria del Colore: La psicologia del colore e il suo impatto sulla presentazione.
- **Sottosezione**: Tipografia: Perché la scelta dei font non riguarda solo la leggibilità ma anche l'atmosfera.

Ciclo di Feedback

- **Sottosezione**: Circoli di Critica: L'importanza di ottenere opinioni diverse.
- **Sottosezione**: Processo Iterativo: Il tuo portfolio è un documento vivente; dovrebbe crescere ed evolversi con te.

Conclusione

Congratulazioni, hai scolpito il tuo portfolio dall'argilla delle tue opere creative in una statua degna di qualsiasi galleria d'arte. La bellezza di un portfolio sta nel suo stato perpetuo di divenire; non è mai veramente 'finito'. Ogni nuovo progetto che intraprendi, ogni nuova abilità che acquisisci, aggiunge una pennellata fresca a questo capolavoro in continua evoluzione. Ora sei pronto a entrare nel regno delle opportunità, equipaggiato con un portfolio che non solo mostra il tuo lavoro ma celebra il tuo viaggio artistico.

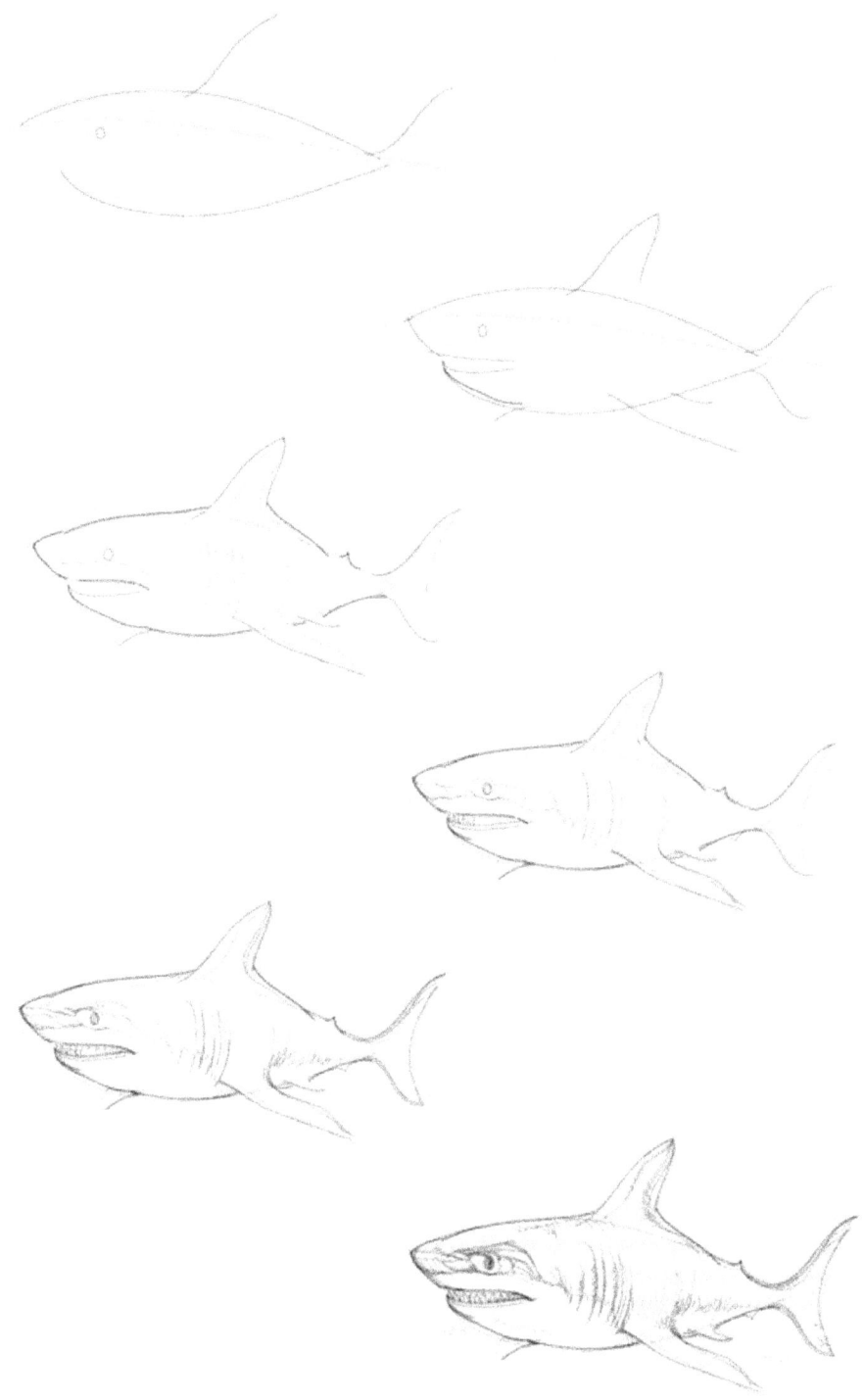

COME DISEGNARE

Appendice

Appendice A: Pagine di Esercitazione con Esercizi Passo Dopo Passo

Il disegno è un'abilità che si nutre meglio attraverso la pratica, e questa appendice è il tuo parco giochi. Qui, offriamo esercizi che vanno da schizzi di riscaldamento rapidi a illustrazioni dettagliate, ciascuno accompagnato da linee guida passo dopo passo.

Forme di Base e Geometriche

- **Esercizio**: Crea forme 3D da semplici forme geometriche.

Tecniche di Ombreggiatura

- **Esercizio**: Sperimenta con l'incrociare e il puntinare.

Design di Personaggi

- **Esercizio**: Schizza un personaggio basato su una descrizione scritta.

Appendice B: Glossario dei Termini (Senza Gergo)

L'arte ha il suo vocabolario e comprenderlo può spesso sembrare come imparare una nuova lingua. Questo glossario agirà come il tuo dizionario, definendo i termini nel modo più semplice possibile.

Medium: Ciò che usi per creare arte, come matite, inchiostro o strumenti digitali.

Valore: La chiarezza o l'oscurità di un colore.

Prospettiva: La tecnica che gli artisti usano per rappresentare lo spazio tridimensionale su un piano bidimensionale.

Appendice C: Elenco di Risorse per l'Apprendimento Continuo

Il viaggio di un artista è per tutta la vita. Questa directory elenca siti web, libri, corsi online e comunità che possono aiutarti a continuare a crescere.

Corsi Online

- Un elenco di corsi accessibili o gratuiti che offrono istruzioni di qualità.

Comunità d'Arte

- Piattaforme dove puoi condividere il tuo lavoro, ottenere feedback e connetterti con altri artisti.

Raccomandazioni di Libri

- Una lista curata di libri che approfondiscono tecniche avanzate e la filosofia dell'arte.

Conclusione
Continua il Tuo Viaggio Artistico

Sei arrivato alla fine di questo libro, ma non lasciare che questo sia la fine del tuo viaggio artistico. Il tuo percorso è unicamente tuo, creato dalle tue mani, guidato dalla tua visione. Ogni tratto che fai aggiunge alla tua lingua artistica, ogni pezzo che crei è una pagina nella tua storia senza fine.

Abbraccia la matita, il pennello o qualsiasi strumento tu scelga, sappi che è un'estensione di te. Prendi rischi, commetti errori e, soprattutto, continua a creare. Perché ogni artista ha iniziato come principiante, e ogni capolavoro è iniziato come una semplice linea su una tela bianca. Ricorda, il mondo è più ricco per avere la tua arte in esso. Continua a disegnare, continua a sognare e prosegui il tuo viaggio artistico.

COME DISEGNARE

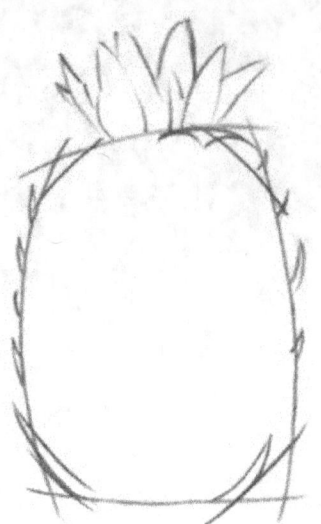
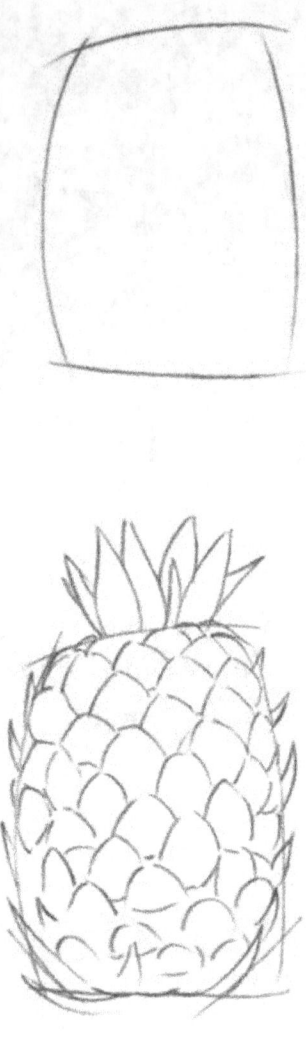
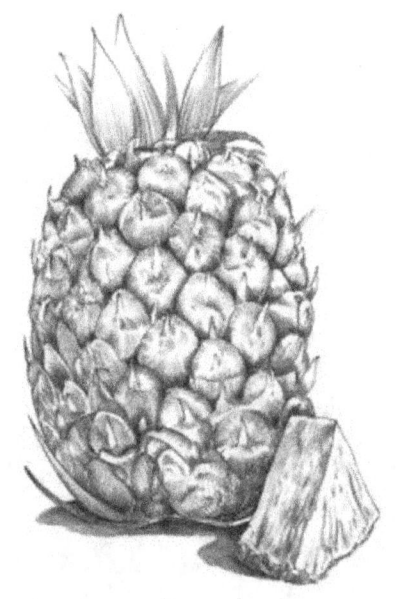

COME DISEGNARE

Bonus 1: Sfida di Disegno di 30 Giorni

Introduzione

Porta il tuo viaggio di disegno al livello successivo con la nostra Sfida di Disegno di 30 Giorni meticolosamente progettata! Ogni giorno si concentra su una specifica abilità o concetto, offrendoti un percorso chiaro per un miglioramento costante. Segui e scopri le infinite capacità della tua mente creativa.

Linee Guida

Impegno Temporale: Pianifica 30-60 minuti ogni giorno. Materiali: Varia i tuoi mezzi: matita, carbone, inchiostro, digitale, ecc. Feedback: Condividi il tuo lavoro con la comunità usando #30DayDrawingJourney.

Giorno 1: Controllo della Linea

- **Obiettivo**: Migliorare la qualità della tua linea.
- **Compito**: Disegna linee parallele, cerchi concentrici e zig-zag.
- **Consiglio**: Mantieni la mano ferma e non avere fretta.

Giorno 2: Forme di Base

- **Obiettivo**: Comprendere i blocchi di costruzione del disegno.
- **Compito**: Disegna cerchi, quadrati e triangoli in diverse dimensioni e angolazioni.
- **Consiglio**: Usa linee guida per mantenere proporzionate le forme.

Giorno 3: Tecniche di Ombreggiatura

- **Obiettivo**: Esplorare diversi metodi di ombreggiatura.

- **Compito**: Ombreggia una sfera usando l'hatching, il cross-hatching e il puntinato.
- **Consiglio**: Presta attenzione alla fonte di luce.

Giorno 4: Disegna dalla Vita—Una Pianta

- **Obiettivo**: Praticare il disegno osservazionale.
- **Compito**: Disegna una pianta o un fiore dal tuo ambiente.
- **Consiglio**: Concentrati sulle proporzioni e lo spazio negativo.

Giorno 5: Prospettiva a Un Punto

- **Obiettivo**: Imparare la prospettiva di base.
- **Compito**: Disegna una stanza semplice usando la prospettiva a un punto.
- **Consiglio**: Tutte le linee dovrebbero convergere verso un singolo punto di fuga.

Giorno 6: Disegno di Gesto

- **Obiettivo**: Catturare l'essenza del movimento.
- **Compito**: Fai 10 disegni di gesto di umani o animali.
- **Consiglio**: Concentrati sul flusso della colonna vertebrale e degli arti, non sui dettagli.

Giorno 7: Caratteristiche Facciali

- **Obiettivo**: Comprendere i dettagli delle caratteristiche facciali.
- **Compito**: Disegna occhi, naso e bocca in molteplici angolazioni.
- **Consiglio**: Usa foto di riferimento per la varietà.

Giorno 8: Studio delle Texture

- **Obiettivo**: Sperimentare con la creazione di texture.
- **Compito**: Disegna diverse texture naturali come legno, pietra e pelo.
- **Consiglio**: Sperimenta con varie gradazioni di matite o tipi di pennelli.

Giorno 9: Spazio Negativo

- **Obiettivo**: Imparare a vedere lo spazio intorno agli oggetti.
- **Compito**: Disegna una sedia concentrandoti solo sullo spazio intorno ad essa.

- **Consiglio:** Pensa allo spazio come a un oggetto di per sé.

Giorno 10: Studio dei Maestri

- **Obiettivo:** Imparare dai maestri.
- **Compito:** Scegli un'opera d'arte e disegna una sezione di essa.
- **Consiglio:** Concentrati sulla cattura dell'essenza, non su una copia esatta.

Giorno 11: Forme Organiche

- **Obiettivo:** Disegnare forme organiche complesse.
- **Compito:** Schizza frutti o verdure con forme irregolari.
- **Consiglio:** Scomponi prima la forma in forme più semplici.

Giorno 12: Anatomia Umana

- **Obiettivo:** Comprensione di base delle proporzioni umane.
- **Compito:** Disegna una figura umana completa.
- **Consiglio:** Usa lunghezze della testa per mantenere le proporzioni.

Giorno 13: Prospettiva a Due Punti

- **Obiettivo:** Comprendere una prospettiva più complessa.
- **Compito:** Disegna un edificio o un paesaggio urbano in prospettiva a due punti.
- **Consiglio:** Usa un righello per mantenere dritte le tue linee.

Giorno 14: Natura Morta

- **Obiettivo:** Praticare il disegno dal vivo.
- **Compito:** Imposta una natura morta con 3-4 oggetti e disegnala.
- **Consiglio:** Considera la tua fonte di luce e i suoi effetti sugli oggetti.

Giorno 15: Nozioni di Base sui Colori

- **Obiettivo:** Introduzione alla teoria del colore.
- **Compito:** Crea una semplice ruota dei colori.
- **Consiglio:** Usa colori primari, secondari e terziari.

Giorno 16: Pose Dinamiche

- **Obiettivo:** Catturare il movimento e l'emozione.
- **Compito:** Disegna una figura umana in una posa dinamica, come saltare o ballare.
- **Consiglio:** Usa linee di gesto per trasmettere il movimento.

Giorno 17: Anatomia Animale

- **Obiettivo:** Esplorare le sfumature nel disegnare gli animali.
- **Compito:** Schizza un animale a tua scelta, concentrandoti sulle sue caratteristiche distintive.
- **Consiglio:** Per animali pelosi, comprendi la direzione del pelo.

Giorno 18: Scala di Valori

- **Obiettivo:** Padronanza della gamma di chiaro-scuro.
- **Compito:** Crea una scala di valori da bianco a nero.
- **Consiglio:** Usa una pressione consistente e costruisci gli strati gradualmente.

Giorno 19: Prospettiva Atmosferica

- **Obiettivo:** Creare profondità nei paesaggi.
- **Compito:** Disegna un paesaggio con oggetti che sfumano in lontananza.
- **Consiglio:** Usa linee più chiare per oggetti distanti.

Giorno 20: Ritrattistica

- **Obiettivo:** Catturare una somiglianza.
- **Compito:** Disegna un ritratto da una fotografia o dal vivo.
- **Consiglio:** Prenditi il tempo necessario per ottenere le proporzioni corrette.

Giorno 21: Linee di Contorno Incrociate

- **Obiettivo:** Comprendere volume e forma.
- **Compito:** Disegna un oggetto semplice usando linee di contorno incrociate.
- **Consiglio:** Immagina di avvolgere l'oggetto con elastici.

Giorno 22: Tecniche di Penna e Inchiostro

- **Obiettivo:** Familiarizzare con il disegno ad inchiostro.
- **Compito:** Crea un piccolo disegno usando penna e inchiostro.
- **Consiglio:** Pratica la variazione di linee e tecniche di inchiostrazione.

Giorno 23: Riflessi e Trasparenza

- **Obiettivo:** Catturare superfici riflettenti.
- **Compito:** Disegna un bicchiere o un oggetto lucido.
- **Consiglio:** Nota come la luce interagisce con l'oggetto.

Giorno 24: Schizzi Urbani

- **Obiettivo:** Schizzo rapido dal vivo.
- **Compito:** Vai all'aperto e schizza rapidamente una scena.
- **Consiglio:** Concentrati sulla cattura dell'essenza piuttosto che sui dettagli.

Giorno 25: Nozioni di Base sull'Acquerello

- **Obiettivo:** Introduzione all'acquerello.
- **Compito:** Crea un lavaggio semplice e un lavaggio sfumato.
- **Consiglio:** Bagna la carta per mescolanze più uniformi.

Giorno 26: Linee d'Azione

- **Obiettivo:** Enfatizzare il movimento.
- **Compito:** Disegna una figura in movimento, usando linee d'azione.
- **Consiglio:** Pensa alla linea d'azione come alla "colonna vertebrale" della figura.

Giorno 27: Accorciamento

- **Obiettivo:** Comprendere la prospettiva nelle figure.
- **Compito:** Disegna una figura con accorciamento.
- **Consiglio:** Usa ovali e cerchi per guidare le proporzioni.

Giorno 28: Arte Astratta

- **Obiettivo:** Allontanarsi dal realismo.

- **Compito:** Crea un disegno astratto.
- **Consiglio:** Lasciati andare; non ci sono risposte sbagliate.

Giorno 29: Revisione e Ripasso

- **Obiettivo:** Riconoscere i tuoi progressi.
- **Compito:** Ridisegna il tuo compito del Giorno 1.
- **Consiglio:** Confronta e apprezza la tua crescita.

Giorno 30: Disegno Libero

- **Obiettivo:** Mostra le tue abilità e creatività.
- **Compito:** Disegna ciò che desideri.
- **Consiglio:** Festeggia questo momento; te lo sei meritato.

Congratulazioni; hai completato un viaggio di crescita artistica lungo un mese! Ricorda, la vera vittoria non sta nell'esecuzione perfetta, ma nell'impegno continuo e nella curiosità instancabile che hai dimostrato. Confronta il tuo lavoro del Giorno 30 con quello del Giorno 1: vedrai la differenza!

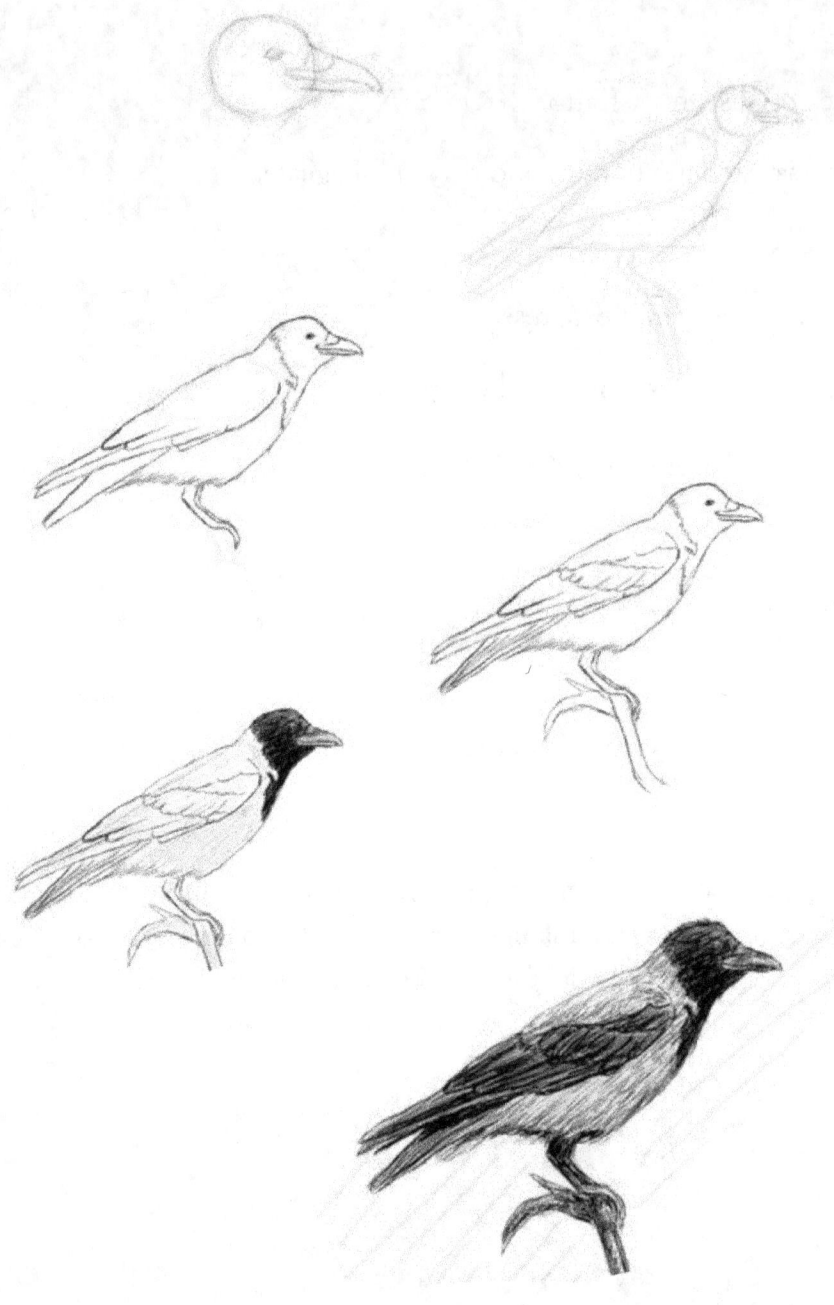

COME DISEGNARE

Bonus 2: Il Diario Artistico Personale

Il tuo spazio per tracciare i progressi, annotare le ispirazioni e articolare i tuoi pensieri creativi. Pensalo come il tuo confidente artistico, sempre al tuo fianco.

Sezioni Incluse:

Tracciatore di Progresso Settimanale

- **Scopo:** Aiutarti a prendere nota delle abilità che hai praticato e delle aree in cui hai visto miglioramenti.
- **Caratteristiche:** Colonne per la data, abilità praticata, ore trascorse e note personali.

Mood Board

- **Scopo:** Incollare le tue ispirazioni, che siano colori, forme o opere d'arte, che stimolano i tuoi succhi creativi.
- **Caratteristiche:** Pagine vuote per allegare le tue ispirazioni, con righe accanto per annotazioni.

Pianificatore di Progetto

- **Scopo:** Per pianificare i tuoi progetti artistici più grandi.
- **Caratteristiche:** Sezioni per il titolo del progetto, materiali necessari, cronologia e lista di attività passo dopo passo.

Generatore di Idee

- **Scopo:** Quando incontri un blocco creativo, questa sezione fornisce prompt per farti disegnare.
- **Caratteristiche:** Un elenco di prompt di disegno e spazio per schizzare miniature.

Auto-Revisione

- **Scopo**: Riflettere sul tuo percorso artistico mensile.
- **Caratteristiche**: Domande che ti spingono a considerare le tue sfide, i tuoi successi e i prossimi passi.

Pagine Galleria

- **Scopo**: Un posto dove incollare o schizzare le tue migliori opere del mese.
- **Caratteristiche**: Pagine vuote per la tua arte.

Note e Scarabocchi

- **Scopo**: Uno spazio aperto per qualsiasi altra informazione che vorresti documentare.
- **Caratteristiche**: Pagine rigate e non rigate per testo e scarabocchi.

COME DISEGNARE

Tracciatore di Progresso Settimanale:

Data	Abilità Praticata	Ore Trascorse	Note

Mood Board:

(Incolla o disegna qui le tue ispirazioni)

Note:

Pianificatore di Progetto:

Titolo del Progetto:

Materiali Necessari:

Cronologia:

Elenco delle Attività:

Generatore di Idee:

Prompt di Disegno:

- Un paesaggio che non hai mai visto ma vorresti visitare.
- Un'espressione astratta del tuo umore attuale.
- Il tuo animale preferito che fa qualcosa di inaspettato.

Bozze in Miniatura:

Auto-Revisione:

Quali sono stati i tuoi 3 maggiori successi questo mese nel tuo viaggio artistico?

Quali sfide hai affrontato e come le hai superate?

Quali sono i tuoi obiettivi artistici per il prossimo mese?

Pagine Galleria:

(Posiziona o disegna qui i tuoi pezzi preferiti.)

Note e Scarabocchi:

(Il tuo spazio per pensieri aggiuntivi, scarabocchi o note.)

Tracciatore di Progresso Settimanale:

Data	Abilità Praticata	Ore Trascorse	Note

Mood Board:

(Incolla o disegna qui le tue ispirazioni)

Note:

Pianificatore di Progetto:

Titolo del Progetto:

Materiali Necessari:

Cronologia:

Elenco delle Attività:

Generatore di Idee:

Prompt di Disegno:

- Un paesaggio che non hai mai visto ma vorresti visitare.
- Un'espressione astratta del tuo umore attuale.
- Il tuo animale preferito che fa qualcosa di inaspettato.

Bozze in Miniatura:

Auto-Revisione:

Quali sono stati i tuoi 3 maggiori successi questo mese nel tuo viaggio artistico?

Quali sfide hai affrontato e come le hai superate?

Quali sono i tuoi obiettivi artistici per il prossimo mese?

Pagine Galleria:

Posiziona o disegna qui i tuoi pezzi preferiti.)

Note e Scarabocchi:

(Il tuo spazio per pensieri aggiuntivi, scarabocchi o note.)

Tracciatore di Progresso Settimanale:

Data	Abilità Praticata	Ore Trascorse	Note

Mood Board:

(Incolla o disegna qui le tue ispirazioni)

Note:

Pianificatore di Progetto:

Titolo del Progetto:

Materiali Necessari:

Cronologia:

Elenco delle Attività:

Generatore di Idee:

Prompt di Disegno:

- Un paesaggio che non hai mai visto ma vorresti visitare.
- Un'espressione astratta del tuo umore attuale.
- Il tuo animale preferito che fa qualcosa di inaspettato.

Bozze in Miniatura:

Auto-Revisione:

Quali sono stati i tuoi 3 maggiori successi questo mese nel tuo viaggio artistico?

Quali sfide hai affrontato e come le hai superate?

Quali sono i tuoi obiettivi artistici per il prossimo mese?

Pagine Galleria:

Posiziona o disegna qui i tuoi pezzi preferiti.)

Note e Scarabocchi:

(Il tuo spazio per pensieri aggiuntivi, scarabocchi o note.)

Tracciatore di Progresso Settimanale:

Data	Abilità Praticata	Ore Trascorse	Note

Mood Board:

(Incolla o disegna qui le tue ispirazioni)

Note:

Pianificatore di Progetto:

Titolo del Progetto:

Materiali Necessari:

Cronologia:

Elenco delle Attività:

Generatore di Idee:

Prompt di Disegno:

- Un paesaggio che non hai mai visto ma vorresti visitare.
- Un'espressione astratta del tuo umore attuale.
- Il tuo animale preferito che fa qualcosa di inaspettato.

Bozze in Miniatura:

Auto-Revisione:

Quali sono stati i tuoi 3 maggiori successi questo mese nel tuo viaggio artistico?

Quali sfide hai affrontato e come le hai superate?

Quali sono i tuoi obiettivi artistici per il prossimo mese?

Pagine Galleria:

Posiziona o disegna qui i tuoi pezzi preferiti.)

Note e Scarabocchi:

(Il tuo spazio per pensieri aggiuntivi, scarabocchi o note.)

Tracciatore di Progresso Settimanale:

Data	Abilità Praticata	Ore Trascorse	Note

Mood Board:

(Incolla o disegna qui le tue ispirazioni)

Note:

Pianificatore di Progetto:

Titolo del Progetto:

Materiali Necessari:

Cronologia:

Elenco delle Attività:

Generatore di Idee:

Prompt di Disegno:

- Un paesaggio che non hai mai visto ma vorresti visitare.
- Un'espressione astratta del tuo umore attuale.
- Il tuo animale preferito che fa qualcosa di inaspettato.

Bozze in Miniatura:

Auto-Revisione:

Quali sono stati i tuoi 3 maggiori successi questo mese nel tuo viaggio artistico?

Quali sfide hai affrontato e come le hai superate?

Quali sono i tuoi obiettivi artistici per il prossimo mese?

Pagine Galleria:

Posiziona o disegna qui i tuoi pezzi preferiti.)

Note e Scarabocchi:

(Il tuo spazio per pensieri aggiuntivi, scarabocchi o note.)

Tracciatore di Progresso Settimanale:

Data	Abilità Praticata	Ore Trascorse	Note

Mood Board:

(Incolla o disegna qui le tue ispirazioni)

Note:

Pianificatore di Progetto:

Titolo del Progetto:

Materiali Necessari:

Cronologia:

Elenco delle Attività:

Generatore di Idee:

Prompt di Disegno:

- Un paesaggio che non hai mai visto ma vorresti visitare.
- Un'espressione astratta del tuo umore attuale.
- Il tuo animale preferito che fa qualcosa di inaspettato.

Bozze in Miniatura:

Auto-Revisione:

Quali sono stati i tuoi 3 maggiori successi questo mese nel tuo viaggio artistico?

Quali sfide hai affrontato e come le hai superate?

Quali sono i tuoi obiettivi artistici per il prossimo mese?

Pagine Galleria:

Posiziona o disegna qui i tuoi pezzi preferiti.)

Note e Scarabocchi:

(Il tuo spazio per pensieri aggiuntivi, scarabocchi o note.)

Tracciatore di Progresso Settimanale:

Data	Abilità Praticata	Ore Trascorse	Note

Mood Board:

(Incolla o disegna qui le tue ispirazioni)

Note:

Pianificatore di Progetto:

Titolo del Progetto:

Materiali Necessari:

Cronologia:

Elenco delle Attività:

Generatore di Idee:

Prompt di Disegno:

- Un paesaggio che non hai mai visto ma vorresti visitare.
- Un'espressione astratta del tuo umore attuale.
- Il tuo animale preferito che fa qualcosa di inaspettato.

Bozze in Miniatura:

Auto-Revisione:

Quali sono stati i tuoi 3 maggiori successi questo mese nel tuo viaggio artistico?

Quali sfide hai affrontato e come le hai superate?

Quali sono i tuoi obiettivi artistici per il prossimo mese?

Pagine Galleria:

Posiziona o disegna qui i tuoi pezzi preferiti.)

Note e Scarabocchi:

(Il tuo spazio per pensieri aggiuntivi, scarabocchi o note.)

Tracciatore di Progresso Settimanale:

Data	Abilità Praticata	Ore Trascorse	Note

Mood Board:

(Incolla o disegna qui le tue ispirazioni)

Note:

Pianificatore di Progetto:

Titolo del Progetto:

Materiali Necessari:

Cronologia:

Elenco delle Attività:

Generatore di Idee:

Prompt di Disegno:

- Un paesaggio che non hai mai visto ma vorresti visitare.
- Un'espressione astratta del tuo umore attuale.
- Il tuo animale preferito che fa qualcosa di inaspettato.

Bozze in Miniatura:

Auto-Revisione:

Quali sono stati i tuoi 3 maggiori successi questo mese nel tuo viaggio artistico?

Quali sfide hai affrontato e come le hai superate?

Quali sono i tuoi obiettivi artistici per il prossimo mese?

Pagine Galleria

Posiziona o disegna qui i tuoi pezzi preferiti.)

Note e Scarabocchi:

(Il tuo spazio per pensieri aggiuntivi, scarabocchi o note.)

Tracciatore di Progresso Settimanale:

Data	Abilità Praticata	Ore Trascorse	Note

Mood Board:

(Incolla o disegna qui le tue ispirazioni)

Note:

Pianificatore di Progetto:

Titolo del Progetto:

Materiali Necessari:

Cronologia:

Elenco delle Attività:

Generatore di Idee:

Prompt di Disegno:

- Un paesaggio che non hai mai visto ma vorresti visitare.
- Un'espressione astratta del tuo umore attuale.
- Il tuo animale preferito che fa qualcosa di inaspettato.

Bozze in Miniatura:

Auto-Revisione:

Quali sono stati i tuoi 3 maggiori successi questo mese nel tuo viaggio artistico?

Quali sfide hai affrontato e come le hai superate?

Quali sono i tuoi obiettivi artistici per il prossimo mese?

Pagine Galleria

Posiziona o disegna qui i tuoi pezzi preferiti.)

Note e Scarabocchi:

(Il tuo spazio per pensieri aggiuntivi, scarabocchi o note.)

Tracciatore di Progresso Settimanale:

Data	Abilità Praticata	Ore Trascorse	Note

Mood Board:

(Incolla o disegna qui le tue ispirazioni)

Note:

Pianificatore di Progetto:

Titolo del Progetto:

Materiali Necessari:

Cronologia:

Elenco delle Attività:

Generatore di Idee:

Prompt di Disegno:

- Un paesaggio che non hai mai visto ma vorresti visitare.
- Un'espressione astratta del tuo umore attuale.
- Il tuo animale preferito che fa qualcosa di inaspettato.

Bozze in Miniatura:

Auto-Revisione:

Quali sono stati i tuoi 3 maggiori successi questo mese nel tuo viaggio artistico?

Quali sfide hai affrontato e come le hai superate?

Quali sono i tuoi obiettivi artistici per il prossimo mese?

Pagine Galleria:

Posiziona o disegna qui i tuoi pezzi preferiti.)

Note e Scarabocchi:

(Il tuo spazio per pensieri aggiuntivi, scarabocchi o note.)

Tracciatore di Progresso Settimanale:

Data	Abilità Praticata	Ore Trascorse	Note

Mood Board:

(Incolla o disegna qui le tue ispirazioni)

Note:

Pianificatore di Progetto:

Titolo del Progetto:

Materiali Necessari:

Cronologia:

Elenco delle Attività:

Generatore di Idee:

Prompt di Disegno:

- Un paesaggio che non hai mai visto ma vorresti visitare.
- Un'espressione astratta del tuo umore attuale.
- Il tuo animale preferito che fa qualcosa di inaspettato.

Bozze in Miniatura:

Auto-Revisione:

Quali sono stati i tuoi 3 maggiori successi questo mese nel tuo viaggio artistico?

Quali sfide hai affrontato e come le hai superate?

Quali sono i tuoi obiettivi artistici per il prossimo mese?

Pagine Galleria:

Posiziona o disegna qui i tuoi pezzi preferiti.)

Note e Scarabocchi:

(Il tuo spazio per pensieri aggiuntivi, scarabocchi o note.)

Tracciatore di Progresso Settimanale:

Data	Abilità Praticata	Ore Trascorse	Note

Mood Board:

(Incolla o disegna qui le tue ispirazioni)

Note:

Pianificatore di Progetto:

Titolo del Progetto:

Materiali Necessari:

Cronologia:

Elenco delle Attività:

Generatore di Idee:

Prompt di Disegno:

- Un paesaggio che non hai mai visto ma vorresti visitare.
- Un'espressione astratta del tuo umore attuale.
- Il tuo animale preferito che fa qualcosa di inaspettato.

Bozze in Miniatura:

Auto-Revisione:

Quali sono stati i tuoi 3 maggiori successi questo mese nel tuo viaggio artistico?

Quali sfide hai affrontato e come le hai superate?

Quali sono i tuoi obiettivi artistici per il prossimo mese?

Pagine Galleria:

Posiziona o disegna qui i tuoi pezzi preferiti.)

Note e Scarabocchi:

(Il tuo spazio per pensieri aggiuntivi, scarabocchi o note.)

COME DISEGNARE

www.ingramcontent.com/pod-product-compliance
Lightning Source LLC
Chambersburg PA
CBHW062219220526
45471CB00009B/3273